中等职业教育课程改革"十四五"规划教材
中职会计专业课程改革系列教材·一体化教学改革成果

货币资金收支业务核算

主　编○黄爱华
副主编○周　丽　肖澍华
参　编○刘佳那　蔡文新　刘　涛
　　　　张　芸　王东友

图书在版编目(CIP)数据

货币资金收支业务核算 / 黄爱华主编. —上海：
立信会计出版社，2021.2(2022.7重印)
ISBN 978-7-5429-6686-5

Ⅰ.①货… Ⅱ.①黄… Ⅲ.①出纳-会计实务 Ⅳ.
①F231.7

中国版本图书馆 CIP 数据核字(2021)第 021741 号

策划编辑　　王斯龙
责任编辑　　王斯龙
封面设计　　南房间

货币资金收支业务核算
HUOBI ZIJIN SHOUZHI YEWU HESUAN

出版发行	立信会计出版社			
地　　址	上海市中山西路2230号	邮政编码	200235	
电　　话	(021)64411389	传　　真	(021)64411325	
网　　址	www.lixinaph.com	电子邮箱	lixinaph2019@126.com	
网上书店	http://lixin.jd.com	http://lxkjcbs.tmall.com		
经　　销	各地新华书店			
印　　刷	上海万卷印刷股份有限公司			
开　　本	787毫米×1092毫米　1/16			
印　　张	12.5			
字　　数	290千字			
版　　次	2021年2月第1版			
印　　次	2022年7月第2次			
印　　数	2 101—4 200			
书　　号	ISBN 978-7-5429-6686-5/F			
定　　价	40.00元			

如有印订差错，请与本社联系调换

前　言

本书根据人力资源和社会保障部关于《国家技能人才培养标准编制指南（试行）》和《一体化课程开发技术规程》统编教材的有关要求，按照财政部发布的现行会计准则体系、企业内部控制应用指引等规定，根据江西省商务学校出纳实务课程教学标准，在近几年会计教学改革实践的基础上编写而成的。

本书具体依据工学结合人才培养模式的基本要求编写，通过行业调研、专家访谈等环节，提炼出典型工作任务和代表性工作任务，按照工作过程的六步骤，即"接受任务—制定计划—做出决策—实施计划—检查控制—评价反馈"，在做中学、做中教。本书充分体现了会计工作过程的特征，符合行动导向教学要求，力求情境创设真实、任务要求明确、指导过程详细、学习评价合理，实现理论与实践、学习与工作、能力培养与工作岗位的对接。

本书是根据出纳岗位的典型工作任务——办理货币资金结算，转化而成的一体化课程——货币资金收支业务核算。该岗位提炼了3个代表工作任务，转化为4个参考性学习任务，包括学习任务一，出纳岗位认知；学习任务二，货币资金收支业务单据的填制和审核；学习任务三，货币资金日常收支业务核算；学习任务四，日记账的登记和货币资金清查。每个学习任务包含若干个学习活动。全书编排新颖，一是通过大量实际工作中的表单，学习和填写常见单据，力求通俗易懂、由浅入深、循序渐进；二是通过学生对已做单据或业务的表述归纳，认清逻辑关系，力求举一反三、触类旁通。

本书全部内容可安排80学时，其中学习任务一8学时，学习任务二40学时，学习任务三20学时，学习任务四12学时。教学耗材为通用记账凭证50张，现金日记账账页（三栏式）4张，银行存款日记账账页（有对方科目的三栏式）4张，银行存款余额调节表4张。

本书由江西省商务学校商务管理系副主任黄爱华担任主编，由会计组组长周丽和资深教师肖澍华担任副主编，蔡文新、刘涛、张芸和王东友参与编写。具体分工如下：黄爱华负责制定编写总体规划、协调和审稿；学习任务一由刘佳娜编写，学习任务二由黄爱华编写，学习任务三由周丽、刘涛、张芸和王东友编写，学习任务四由肖澍华、蔡文新编写。江西旭阳财务公司对本书的编写提出了很多宝贵意见。

本书编写过程中，编者进行了多次的讨论、研究，力求合理，避免错误，但限于有限的水平和实践经验，书中难免存在疏漏和不妥之处，敬请批评指正，我们将在修订版中予以更正。

编　者

2021年2月

目　录

学习任务一　出纳岗位认知 ··· 001
　　学习活动一　认识出纳及出纳岗位 ·· 002
　　学习活动二　学会出纳岗位技能 ·· 005
　　学习活动三　了解出纳岗位工作 ·· 010

学习任务二　货币资金收支业务单据的填制和审核 ······································· 013
　　学习活动一　了解银行账户，获取企业货币资金收支结算方式，并区分单据种类
　　　　　　　　 ··· 014
　　学习活动二　整理货币资金收支业务管理规定 ·· 024
　　学习活动三　货币资金收支业务单据的填制和审核 ··································· 029
　　学习活动四　货币资金收支业务单据填制和审核的控制与接受考核 ··········· 090

学习任务三　货币资金日常收支业务的核算 ·· 092
　　学习活动一　归纳货币资金典型业务 ·· 092
　　学习活动二　填制并审核货币资金收支业务相关的记账凭证 ····················· 097
　　学习活动三　货币资金日常收支业务核算的控制与考核 ···························· 136

学习任务四　日记账的登记和货币资金清查 ·· 138
　　学习活动一　认知账簿、建账及登账要求 ·· 139
　　学习活动二　登记现金日记账和银行存款日记账 ····································· 140
　　学习活动三　日记账的账证核对及错账更正 ·· 141
　　学习活动四　库存现金的清查 ·· 143
　　学习活动五　银行存款的清查 ·· 145

附录1　公司简介 ··· 151
附录2　《人民币银行结算账户管理办法》（摘录） ··· 152

附录3　中国人民银行关于取消企业银行账户许可的通知 …………………… 164
附录4　中华人民共和国印章管理办法 …………………………………………… 178
附录5　银行存款日记账 …………………………………………………………… 182
附录6　供应商及客户档案 ………………………………………………………… 183
附录7　中华人民共和国现金管理暂行条例 ……………………………………… 185
附录8　现金日记账 ………………………………………………………………… 189
附录9　江南饼业有限责任公司财务票据管理制度（试行） ……………………… 190
附录10　正确填写票据和结算凭证的基本规定（摘录） ………………………… 193

学习任务一　出纳岗位认知

【学习情境】

江南饼业有限责任公司受区域市场影响,业务拓展很大,承接了大量订单,有大量从往来单位、银行、税务、企业内外业务相关部门和网银、云平台获取的结算业务收付信息。江南饼业有限责任公司是我校的定点生产实习单位,2020年6月底,要求我校一批学生到企业顶岗,协助完成货币资金业务单据的填写和审核,该业务活动主要是公司出纳岗位的工作内容。

进入公司的第一天,财务经理向实习生介绍了公司的基本情况后,给大家布置了第一个任务,要求大家在进行货币资金业务的单据填写与审核前,通过网络搜集、查阅资料等手段完成出纳及出纳岗位认知的任务。

【学习目标】

1. 通过网络搜索了解出纳及出纳岗位。
2. 认识出纳工作的职能。
3. 通过案例描述出纳岗位坚持的基本原则。
4. 描述出纳人员应具备的职业素养。
5. 观看视频,掌握点钞的基本步骤及点钞的几种方法。
6. 查阅资料,描述假钞鉴别的方法。
7. 查阅资料,指出人民币残币的处理方法。
8. 阅读保险柜使用手册,掌握保险柜的管理规定。
9. 查阅出纳岗位标准表,描述出纳岗位的工作内容。
10. 结合所学内容完成出纳岗位的工作要求及任职资格的填写。
11. 结合所学专业知识完成出纳岗位的职业规划。

【基准学时】

12学时

学习活动一　认识出纳及出纳岗位

【学习目标】

1. 通过网络搜索了解出纳及出纳岗位。
2. 认识出纳工作的职能。
3. 通过案例描述出纳岗位坚持的基本原则。
4. 描述出纳人员应具备的职业素养。

【建议学时】

4 学时

一、课前对全班按每组 6 人进行分组,组长由教师按照《基础会计》成绩和班主任意见确定。

组名:＿＿＿＿＿＿＿＿＿＿＿＿＿＿＿＿＿＿＿＿＿＿＿＿＿＿＿＿＿＿＿＿＿＿

组长:＿＿＿＿＿＿＿＿＿＿＿＿＿＿＿＿＿＿＿＿＿＿＿＿＿＿＿＿＿＿＿＿＿＿

组员:＿＿＿＿＿＿＿＿＿＿＿＿＿＿＿＿＿＿＿＿＿＿＿＿＿＿＿＿＿＿＿＿＿＿

二、通过网络搜集等手段,按小组完成出纳及出纳岗位的认知任务,根据小组座位先后,依次派代表回答问题,聆听教师点评。

(一)出纳及出纳岗位认知。

1. 出纳。

出纳是随着货币及货币兑换业务的出现而产生的,所谓"出"即支出,＿＿＿＿＿＿;而"纳"即＿＿＿＿＿＿。具体地讲,出纳工作是管理＿＿＿＿＿＿、＿＿＿＿＿＿、＿＿＿＿＿＿进进出出的一项工作。

2. 出纳岗位。

出纳工作是按照有关规定和制度,办理本单位的＿＿＿＿＿＿、＿＿＿＿＿＿及有关＿＿＿＿＿＿,保管＿＿＿＿＿＿、有价证券、财务印章及有关＿＿＿＿＿＿等工作的总称。

出纳工作有广义和狭义之分:

狭义的出纳工作仅指各单位会计部门专设＿＿＿＿＿＿或＿＿＿＿＿＿的各项工作。

广义的出纳工作则包括以下三点:

(1)＿＿＿＿＿＿＿＿＿＿＿＿＿＿＿＿＿＿＿＿＿＿＿＿＿＿＿＿＿＿＿＿＿＿

(2)＿＿＿＿＿＿＿＿＿＿＿＿＿＿＿＿＿＿＿＿＿＿＿＿＿＿＿＿＿＿＿＿＿＿

(3)＿＿＿＿＿＿＿＿＿＿＿＿＿＿＿＿＿＿＿＿＿＿＿＿＿＿＿＿＿＿＿＿＿＿

（二）出纳工作职能认知。

出纳工作职能如表 1-1 所示。

表 1-1 出纳工作职能一览表

出纳工作职能	职能事项与解释
款项收付	办理货物价款、往来款项的收付，以及这些业务往来的现金、票据和金融证券的收付和办理，银行存款的收付等业务
记录与核算	利用统一的货币计量单位，通过现金与银行存款日记账、有价证券的各种明细分类账，对本企业的货币资金和有价证券进行详细的记录与核算，以便为经济管理和投资决策提供所需的完整、系统的经济信息
监督	依照国家的法律法规和本企业的管理方针、规章制度等，对企业各项经济业务，特别是货币资金收付的合法性、合理性和有效性进行全程监督
其他	对货币资金与有价证券进行保管，对银行存款和各种票据进行管理，对企业资金使用效益进行分析研究，为企业投资决策提供金融信息，甚至直接参与企业的方案评估、投资效益预测分析等

三、以小组为单位进行"出纳岗位工作原则"的案例讨论，各小组派代表进行结果展示，组间互评，教师点评。

【案例资料】某天，出纳小张要去银行，临走时与会计小丽进行了以下对话。

小张：我把保险柜钥匙给你，有人来交钱，你先帮忙收吧。

小丽：替你收钱可以，但是你回来后，我们要清点你走后我收到的钱，核对我开的发票。另外，钥匙我不能拿，这是我们要避免的事，也就是说作为会计，我是不能管钱的。

1. 会计小丽为什么不能拿出纳小张的保险柜钥匙呢？

_____

_____

2. 上述案例说明出纳工作应当坚持的基本原则是什么？

_____

_____

3. 会计岗位中，有些岗位是不能由一个人兼任的，搜集资料，完成表 1-2 的填写。

表 1-2 会计不相容工作岗位

会计工作岗位	不相容工作岗位
出纳	不得兼任_____
出纳	不得兼任_____
还有哪些会计岗位不相容？请列出两个不相容的其他会计岗位。 ① _____ ② _____	

四、对于出纳工作,人的素质是关键。出纳员可以说是会计岗位中最基本的岗位之一,但是出纳员位低责不低,企业所有款项进出、现金收付都得经过出纳员之手。所以,这一岗位必须由道德品质好、不会见钱眼开的人担任。你认为出纳员应该具备哪些职业素养,才能胜任出纳工作呢?

请以小组为单位进行讨论,小组派代表将结果置于展台,组间互评,教师点评(各小组请至少写出八项)。

A. _____ B. _____
C. _____ D. _____
E. _____ F. _____
G. _____ H. _____

五、活动评价与反馈。

请根据活动情况据实填写表1-3。

表 1-3　学习活动考核评价表

学习活动名称:　认识出纳及出纳岗位

班级:		学号:		姓名:		指导教师:		
评价项目	评价标准	评价依据(信息、佐证)	评价方式			权重	得分小计	总分
			自我评价 10%	小组评价 20%	教师(企业)评价 70%			
关键能力	1. 能严格遵守资料查阅要求,服从企业工作安排 2. 能参与小组讨论,相互交流 3. 能积极主动、勤学好问 4. 能清晰、准确表达	1. 课堂实践表现 2. 工作页填写				40%		
专业能力	能查询相关资料,获取账户种类、预留印章、企业结算方式、纳税人和单据种类等相关信息	1. 课堂实践表现 2. 工作页填写				60%		
指导教师综合评价	指导教师签名:				日期:			

学习活动二　　学会出纳岗位技能

【学习目标】

1. 观看视频,掌握点钞的基本步骤及方法。
2. 查阅资料,描述假钞鉴别的方法。
3. 查阅资料,指出所给残币的处理方法。
4. 阅读保险柜使用手册,掌握保险柜的管理规定。
5. 阅读保险柜使用手册,掌握保险柜的开启、维护、保管。

【建议学时】

6学时

一、观看视频,按照小组座位先后,依次派代表回答问题,聆听教师点评。

1. 点钞的基本步骤。

第一步:_____

第二步:_____

第三步:_____

第四步:_____

2. 请分别指出图1-1至图1-4所示的点钞方法。

图1-1　点钞方法一

(1) _____

图1-2　点钞方法二

(2) _____

图 1-3　点钞方法三

图 1-4　点钞方法四

(3) _____　　(4) _____

二、人民币防伪知识是出纳人员的必备知识,财务主管告诉同学们中国人民银行货币金银局有很多实用的人民币防伪知识。请通过网络资源并结合生活常识,小组讨论,完成假钞鉴别方法的填写,小组互评,教师点评。(人民币图样见图 1-5)

图 1-5　人民币图样

(1) 看:_____

_____

(2) 摸:_____

_____

(3) 听:_____

_____

(4) 测:_____

_____

三、阅读案例资料,按小组完成人民币残币处理的任务,按照小组座位先后,依次派代表回答问题,教师点评。

【案例资料】有一天,出纳小张遇到一个渔民来交款。渔民交过来的钱不只是脏,还有较大的破损,小张一时也拿不准到底是收还是不收残损人民币,就去问会计小丽这种情况怎么办。小丽对小张说,关于什么样的钱是残损人民币,国家是有标准的。

1. 请搜集残损币处理的知识,完成图 1-6 的填写。

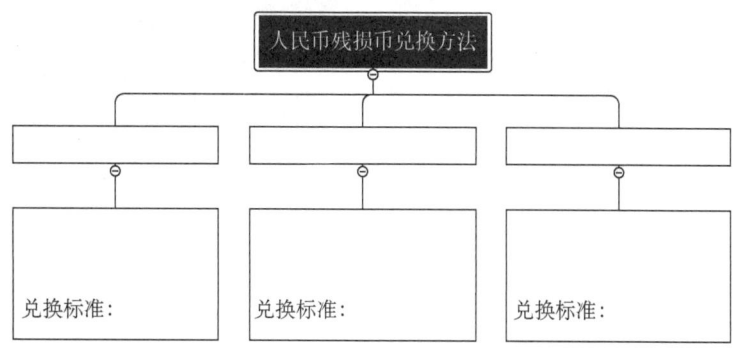

图 1-6　残币兑换兑换方法

2. 根据人民币残损币兑换的标准,指出图 1-7 至图 1-16 中残损币可以采用的兑换方法。

图 1-7　残损币(1)　　　　　　　　图 1-8　残损币(2)

(1) _____　　　　　(2) _____

图 1-9　残损币(3)　　　　　　　　图 1-10　残损币(4)

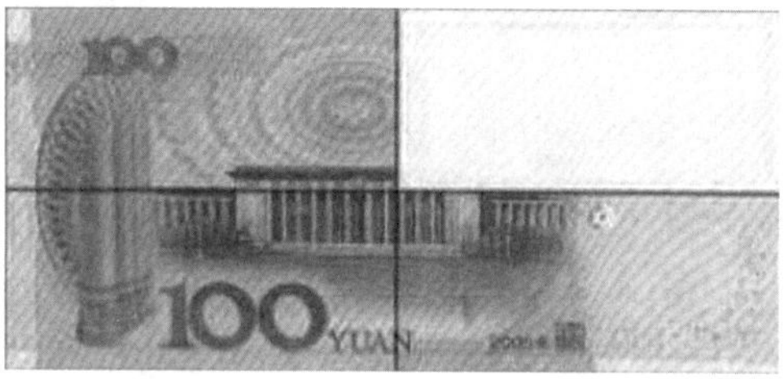

(3) _____　　　　　(4) _____

图 1-11　残损币(5)　　　　　　　　图 1-12　残损币(6)

(5) _____　　　　　(6) _____

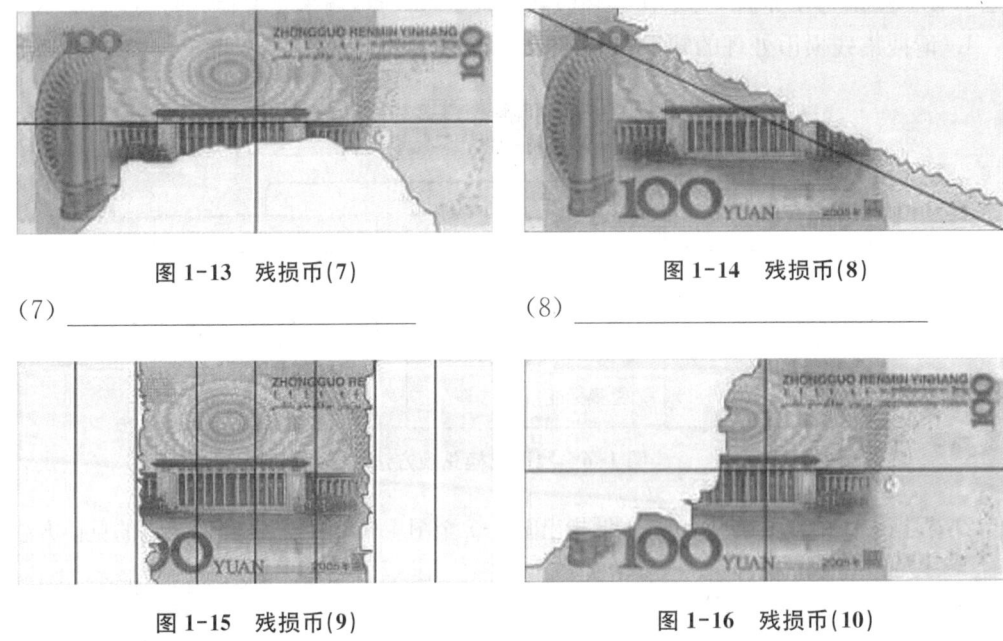

图 1-13 残损币(7)　　　　　　　图 1-14 残损币(8)

(7) _____　　(8) _____

图 1-15 残损币(9)　　　　　　　图 1-16 残损币(10)

(9) _____　　(10) _____

四、阅读保险柜使用手册等资料,按小组完成有关保险柜(见图 1-17)的管理与使用的填写,按照小组座位先后,依次派代表回答问题,聆听教师点评。

图 1-17 保险柜

1. 保险柜的管理权限。

保险柜一般由_____授权,由_____负责管理使用。

2. 保险柜钥匙的配备。

保险柜要配备两把钥匙,一把由_____保管,供_____日常工作开启使用;另一把交由_____封存,或由_____负责保管,以备特殊情况下经有关领导批准后开启使用。出纳人员不能_____。出纳人员工作变动时,应_____。如保险柜钥匙发生丢失或损坏,要立即报请领导处理,不得_____。

3. 保险柜密码。

出纳人员应将自己保管使用的保险柜密码_____,不得向他人泄露,以防为他人利用。出纳人员调动岗位,新出纳人员应使用_____。

4. 保险柜的存放位置。

保险柜应紧靠出纳办公室的_____或_____的地方存放,不应放在四面无遮掩且不宜移动的地方。

5. 保险柜的开启。

保险柜只能由_____开启使用,_____不得开启保险柜。如果单位会计主管需要对出纳人员工作进行检查,应按规定的程序由_____开启。在一般情况下,不得任意开启由出纳人员掌管使用的保险柜。

6. 保险柜的维护。

保险柜应放置在_____、_____,注意通风、防_____、防_____、防_____和防_____。保险柜内财物应保持整洁卫生、存放整齐。一旦保险柜发生故障,应到_____进行修理,以防泄漏或失盗。

7. 保险柜的保管。

每日终了后,出纳人员应将其使用的_____、_____、_____等放入保险柜内。保险柜内存放的现金应_____,其他有价证券、存折、票据等应_____,贵重物品应_____ _____,所有财物应与_____核对相符。按规定,保险柜内不得存放私人财物。

五、活动评价与反馈。

请根据活动情况据实填写表1-4。

表1-4 学习活动考核评价表

学习活动名称:__学会出纳岗位技能__

班级:　　　　学号:　　　　姓名:　　　　指导教师:

评价项目	评价标准	评价依据 (信息、佐证)	评价方式			权重	得分小计	总分
			自我评价	小组评价	教师(企业)评价			
			10%	20%	70%			
关键能力	1. 能严格遵守资料查阅要求,服从企业工作安排 2. 能参与小组讨论,相互交流 3. 能积极主动、勤学好问; 4. 能清晰、准确表达	1. 课堂实践表现 2. 工作页填写				40%		

(续表)

评价项目	评价标准	评价依据（信息、佐证）	评价方式			权重	得分小计	总分
			自我评价	小组评价	教师（企业）评价			
			10%	20%	70%			
专业能力	能查询相关资料，获取账户种类、预留印章、企业结算方式、纳税人和单据种类等相关信息	1. 课堂实践表现 2. 工作页填写				60%		
指导教师综合评价	指导教师签名：				日期：			

学习活动三　了解出纳岗位工作

【学习目标】

1. 查阅江南饼业有限责任公司出纳岗位标准表，描述出纳岗位的工作内容。
2. 结合所学内容，完成出纳岗位的工作要求及任职资格的填写。
3. 结合所学专业知识，完成出纳岗位的职业规划。

【建议学时】

2学时

一、认真阅读江南饼业有限责任公司出纳岗位标准表（见表1-5），按小组讨论完成下列任务，每组派代表进行任务成果展示，小组互评，教师点评。

表1-5　江南饼业有限责任公司出纳岗位标准表

1. 岗位名称	出纳
2. 所属部门	财务部
3. 直接上级	财务经理
4. 本职工作	搞好货币资金的收付及记账、结账与报账工作
5. 工作要求	

(续表)

6. 任职资格	(1) 工作经验：在中小型企业进行过出纳顶岗实习，并获取了相关工作经验 (2) 专业要求：会计、财务管理相关专业 (3) 个人素质：_____
7. 工作职责	(1) 复合原始凭证与收款凭证、付款凭证 (2) 耐心解释相关的会计制度 (3) 按照规定办理现金收付和银行转账结算业务 (4) 及时登记现金日记账和银行存款日记账 (5) 按照规定提取、送存和保管现金，及时清查现金和银行存款，保证账账相符、账实相符，做到日清月结 (6) 配合其他会计做好每月凭证的录入（或审核）工作 (7) 做好每月的工资发放工作 (8) 保管好空白支票和财务印章，定期与银行对账 (9) 按规定程序使用发票、支票、收据、账户和印章 (10) 按照领导的管理要求，编制各种资金收支的日报表、周报表和月报表并向财务经理报告 (11) 领导交办的其他工作
8. 职业发展道路	_____

1. 请根据所学知识为该公司出纳岗位制定工作要求？

2. 结合本任务中学习活动一的相关知识，填写表 1-5 中的"6.任职资格——个人素养"。

3. 根据江南饼业有限责任公司出纳岗位标准表中的"工作职责"，对出纳员的日常业务进行总结。

(1) _____
(2) _____
(3) _____
(4) _____
(5) _____
(6) _____

4. 江南饼业有限责任公司的出纳小张一直在出纳的岗位上尽职尽责，得到了大家的广泛认可。但出纳毕竟是一个基础岗位，还需要向更高的职位发展。结合财务岗位的相关知识，帮助小张进行职业发展道路的规划，完成出表 1-5 中的"8.职业发展道路"。

二、活动评价与反馈。

请根据活动情况据实填写表1-6。

表 1-6 学习活动考核评价表
学习活动名称：__了解出纳岗位工作__

班级：		学号：		姓名：		指导教师：			
评价项目	评价标准		评价依据（信息、佐证）	评价方式			权重	得分小计	总分
				自我评价	小组评价	教师(企业)评价			
				10%	20%	70%			
关键能力	1. 能严格遵守资料查阅要求，服从企业工作安排 2. 能参与小组讨论，相互交流 3. 能积极主动、勤学好问 4. 能清晰、准确表达		1. 课堂实践表现 2. 工作页填写				40%		
专业能力	能查询相关资料，获取账户种类、预留印章、企业结算方式、纳税人和单据种类等相关信息		1. 课堂实践表现 2. 工作页填写				60%		
指导教师综合评价	指导教师签名：					日期：			

学习任务二　货币资金收支业务单据的填制和审核

【学习情境】

江南饼业有限责任公司财务经理向实习生介绍了江南饼业有限责任公司的相关情况,本次实习分别完成支票、银行汇票、银行本票、商业汇票、汇兑、委托收款、托收承付、电子支付、信用卡及现金结算任务;每组6人,30天内完成。

【学习目标】

1. 根据公司的相关情况,搜集企业银行账户的资料,列出企业银行账户的种类及用途。
2. 阅读《中华人民共和国印章管理办法》,认知预留银行印鉴种类。
3. 查阅与公司往来资金的业务单位资料,编制往来单位明细表。
4. 查询公司的收付业务,描述结算方式的种类、特点和适用范围。
5. 查阅公司全部业务单据,能对货币资金业务单据进行分类。
6. 根据《现金管理暂行条例》《票据法》《支付结算办法》,查阅公司财务管理制度,整理货币资金收支管理规定。
7. 按照《现金管理暂行条例》《票据法》和《支付结算办法》,审阅公司收支业务内容,能对企业的货币资金业务填写和审核货币资金业务单据。
8. 回顾货币资金业务单据的填制和审核情况,撰写总结报告和汇报PPT。

【基准学时】

48学时

学习活动一　了解银行账户，获取企业货币资金收支结算方式，并区分单据种类

【学习目标】

1. 根据公司的相关情况，搜集企业银行账户的资料，列出企业银行账户的种类及用途，认知预留银行印鉴种类。
2. 根据企业往来业务单据，搜集网络信息，能区分一般纳税人和小规模纳税人。
3. 查阅公司往来资金的业务单位资料，编制往来单位明细表。
4. 根据企业的收付业务，描述结算方式的种类、特点和适用范围。
5. 查阅公司全部业务单据，能对货币资金业务单据进行分类。

【建议学时】

12学时

一、课前对全班按每组6人进行分组，组长由教师按照《基础会计》成绩和班主任意见确定，其他组员根据学生个性特点和成绩，共同商定，交教师审定微调。

组长：_____

组名：_____

组员：_____

二、查阅任务通知书、工作任务书及营业执照，用荧光笔在工作任务书标注关键任务，并填写公司关键信息表。

资料：任务通知书（见图2-1）、工作任务书（见表2-1）、营业执照（见图2-2）。

货币资金收支业务单据填制和审核
任务通知书

_____班级：

　　因有一批货币资金收支业务单据需要进行资金收支业务单据，经公司领导班子会议讨论决定，您班被任命为本次资金收支业务单据填制和审核工作的负责人，请您于____年____月____日 17:30 时之前完成该项工作任务，具体任务与要求详见工作任务单。

江南饼业有限责任公司办公室

年　月　日

图2-1　任务通知书

表 2-1　工作任务书

序号	具体内容	时间
1	办理现金存取	2020 年 6 月
2	到银行收取相关业务单据	2020 年 6 月
3	办理转账进账	2020 年 6 月
4	办理转账支付	2020 年 6 月
工作要求	1. 完成上述内容 2. 认知银行账户及印鉴 3. 区分一般纳税人和小规模纳税人 4. 描写资金结算方式种类 5. 叙述资金结算方式流程 6. 货币资金业务单据的分类 7. 货币资金业务单据的识别 8. 货币资金业务单据的填写 9. 货币资金业务单据的审核	
任务接收签字	宋阳	签发人签字	吴明
完成反馈签字		完成存档人签字	

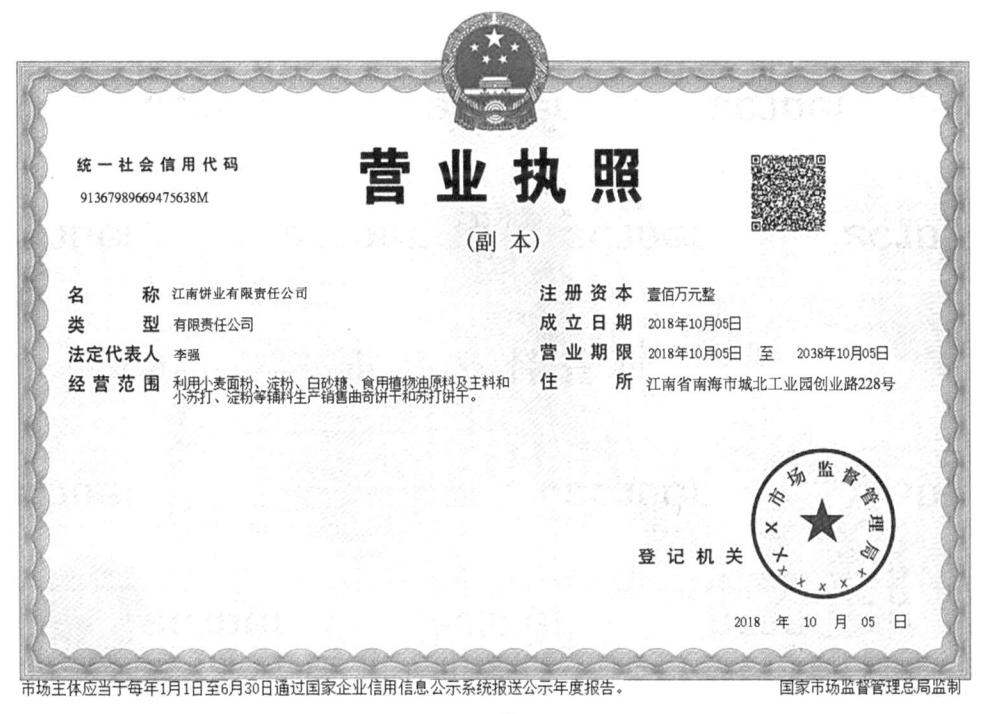

图 2-2　营业执照

1. 查看营业执照,填写企业关键信息表(见表2-2)。

表2-2 企业关键信息表

五证合一是指	
企业名称	
统一社会信用代码	
代码第1位是指	
代码第2位是指	
代码第3至第8位是指	
代码第9至第17位是指	
代码第18位是指	
成立日期	
营业期限	
注册资本	
法定代表人	
住所	
经营范围	
登记机关	
发证机关	

2. 在会计主管的带领下,把企业关键信息表置于展示台,小组代表讲解,组间互评,聆听教师点评。

三、阅读附录2,完成下列内容。

1. 填写图2-3中间圆圈内的账户种类并连接银行账户与对应的用途。

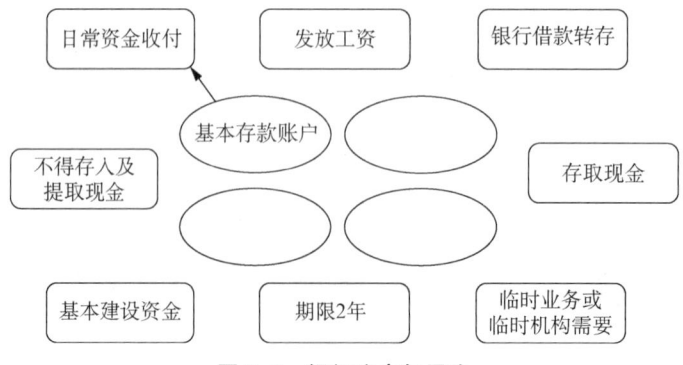

图2-3 银行账户与用途

2. 完成开户流程(见图 2-4)的填写。

☐ → ☐ → ☐ → ☐

图 2-4　开户流程

3. 请同学们根据企业基本情况填写基本存款账户开户申请书(见表 2-3)。

表 2-3　中国工商银行_____支行单位基本存款账户开户申请书

申请开户单位名称		申请开立账户名称(全称)	
单位性质及级别		工商管理局批准文号	
地　　址		电　话	
上级主管单位		电　话	
申请单位盖章： (正式公章及负责人章) 年　月　日		上级主管单位意见： (盖章) 年　月　日	
银行调查意见：	科目归属		
	账　　号		
	支票或存折户		
	是否计息		
审批意见：			
账户基本情况如下：			
资金来源			
资金运用			
生产、经营范围			
商品、原料来源			
主要产品			
销售方式和范围			
利润和亏损			
专项基金			
财务管理			
现金库存限额			

(续表)

发薪日期	
职工人数	
附属单位	
外地采购	
外地单位往来	

4. 利用抽取器随机抽取 4 组同学回答问题,聆听教师点评。

5. 查阅附录 3《中国人民银行关于取消企业银行账户许可的通知》(银发〔2019〕41号),并填空。

(1) 2019 年_____起,在全国范围内_____取消_____,2019 年底前实现完全取消。

(2) 在取消企业银行账户许可证地区,办理基本户、临时户采用_____。

(3) 建立涉企_____机制和企业银行账户违规_____机制。

四、网络查阅附录 4《中华人民共和国印章管理办法》,咨询财务经理,完成下列内容。

1. 《中华人民共和国印章管理办法》所指印章是_____和_____,其中具有法律效力的个人名章是指_____及其_____个人名章。

2. 咨询财务经理,填写本公司的开户印鉴卡,如表 2-4 所示。

表 2-4 企业印章与开户印鉴卡

企业印章	开户印鉴卡
1. 企业公章 2. 企业财务专用章 3. 企业合同专用章 4. 企业发票专用章 5. 法人代表名章	

3. 利用抽取器抽取 4 组同学回答问题,聆听教师点评。

五、网络搜集一般纳税人和小规模纳税人的认定标准,填写下列内容。

1. 一般纳税人认定标准:_____

2. 小规模纳税人认定标准:_____

3. 年营业额 400 万元的酒店(是/否)一般纳税人。

4. 年销售额 100 万元的超市(是/否)一般纳税人。

5. 年应税销售额 600 万元的包装袋生产企业(是/否)一般纳税人。

6. 小组依次答题,聆听教师点评。

六、查阅公司最近一个月的货币资金日记账和收付业务,查找与公司有资金往来的客户、供应商、员工及其他业务往来单位,填写表 2-5。

资料:附录 5 银行存款日记账、附录 6 供应商及客户档案。

表 2-5　资金往来单位及结算方式明细表

往来单位		开户行	账号	税号	地址	结算方式
供应商						
客户						

七、观看银行汇票结算方式流程视频,查阅相关资料,填写相关结算流程图,并编写货币资金结算方式明细表。

1. 利用所学专业知识,回忆资金结算方式有哪些。

(1) 结算方式按照是否使用现金,有_____和_____。

(2) 通过银行转账结算又分为_____和_____;前者包括_____、_____、_____和_____,后者包括_____、_____、_____和_____等。

2. 通过观看银行汇票、银行本票和商业汇票等 3 个资金结算流程视频,网络查询其他资金结算流程资料,完成流程图绘制;随机抽取小组复述,其他小组互评,聆听教师点评。

(1) 银行汇票结算流程图(见图 2-5)。

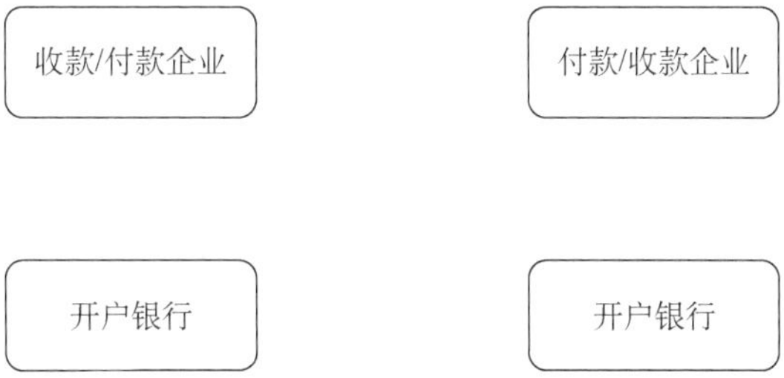

收款/付款企业　　　　付款/收款企业

开户银行　　　　开户银行

图 2-5　银行汇票结算流程图

(2) 银行本票结算流程图(见图 2-6)。

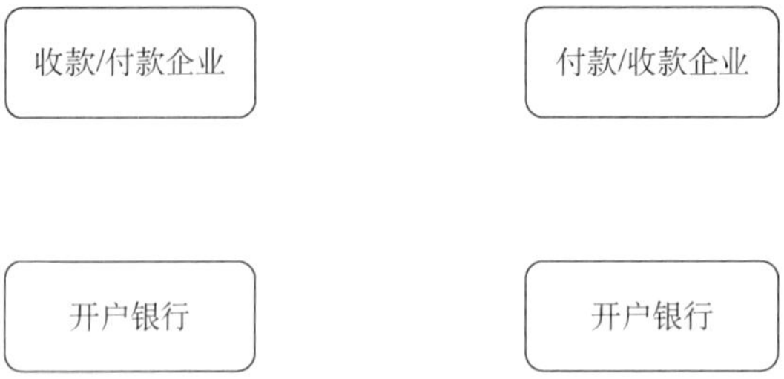

收款/付款企业　　　　付款/收款企业

开户银行　　　　　　开户银行

图 2-6　银行本票结算流程图

(3) 支票结算流程图(见图 2-7)。

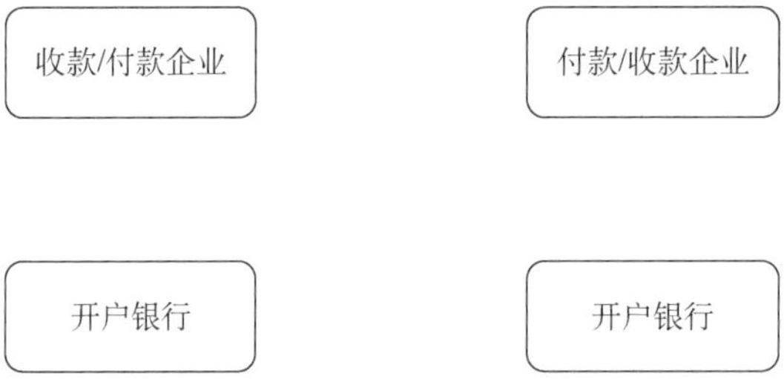

收款/付款企业　　　　付款/收款企业

开户银行　　　　　　开户银行

图 2-7　支票结算流程图

(4) 商业汇票结算流程图(见图 2-8)。

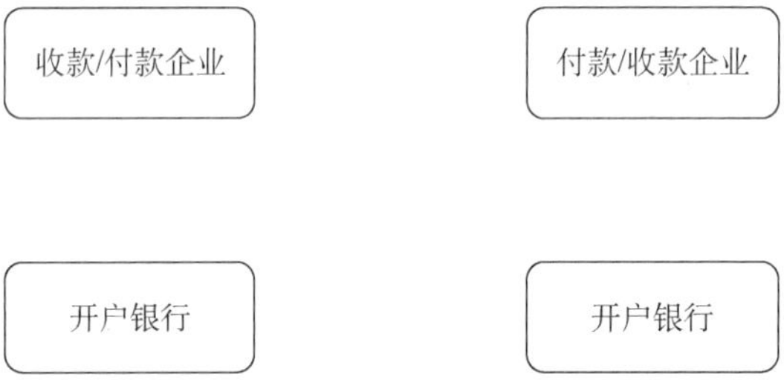

收款/付款企业　　　　付款/收款企业

开户银行　　　　　　开户银行

图 2-8　商业汇票结算流程图

(5) 委托收款结算流程图(见图 2-9)。

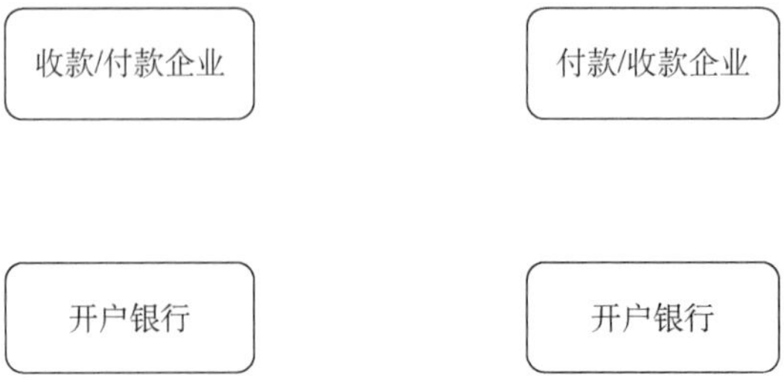

收款/付款企业　　　　付款/收款企业

开户银行　　　　　　开户银行

图 2-9　委托收款结算流程图

(6) 托收承付流程图(见图 2-10)。

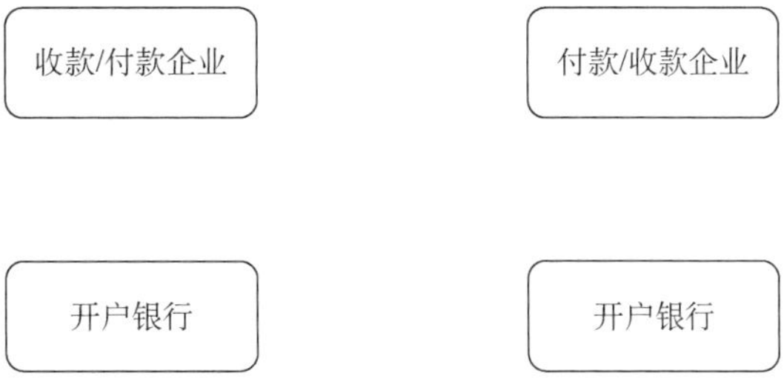

图 2-10　托收承付流程图

(7) 汇兑结算流程图(见图 2-11)。

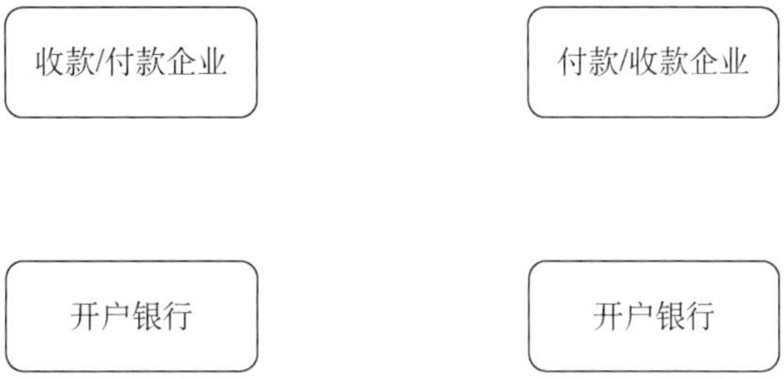

图 2-11　汇兑结算流程图

(8) 信用卡结算流程图(图 2-12)。

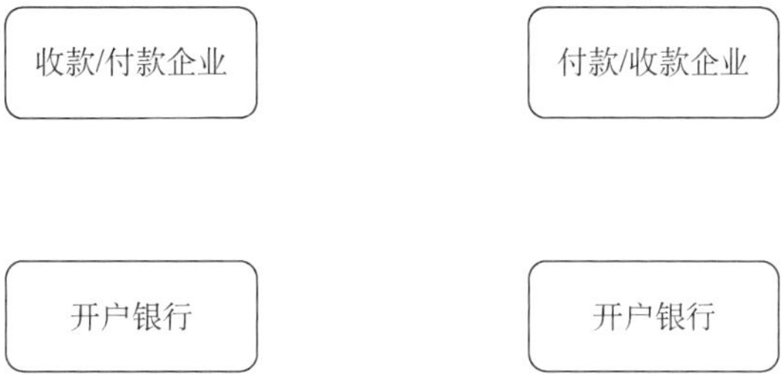

图 2-12　信用卡结算流程图

(9) 微信结算流程图(图 2-13)。

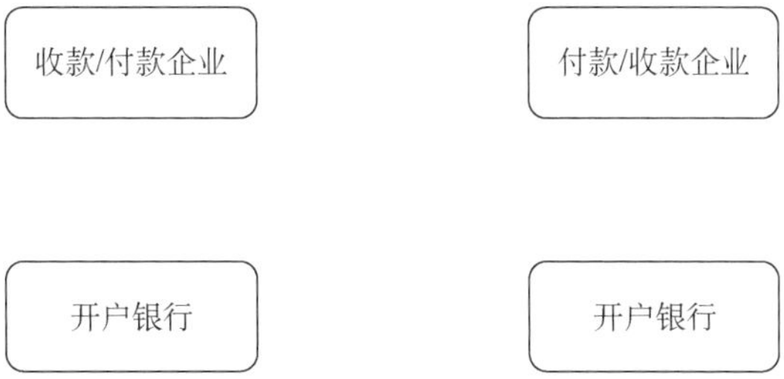

图 2-13　微信结算流程图

(10) 支付宝结算流程图(见图 2-14)。

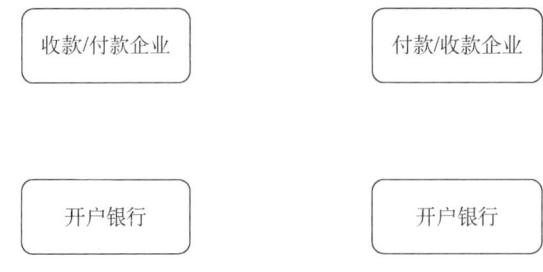

图 2-14　支付宝结算流程图

(11) 淘宝结算流程图(图 2-15)。

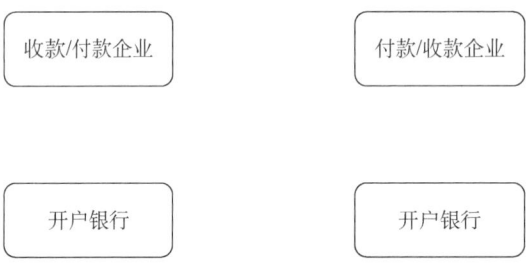

图 2-15　淘宝结算流程图

3. 整理出各种货币资金结算方式明细表(见表 2-6),按照座位先后顺序进行回答,学生互评,教师点评。

表 2-6　货币资金结算方式明细表

结算方式	特点	适用范围

4. 填写表 2-7，按照小组座位先后顺序依次回答，聆听教师点评。

表 2-7　结算方式和涉及的单据

结算方式		涉及的单据
现金结算	进账	
	支付	
支票转账结算	进账	
	支付	
银行汇票结算	申请	
	进账	
	支付	
银行本票结算	申请	
	进账	
	支付	
商业汇票结算	进账	
	支付	
委托收款结算	进账	
	支付	
托收承付结算	进账	
	支付	
汇兑结算	进账	
	支付	
银行卡结算	进账	
	支付	
网银结算	进账	
	支付	
微信进账结算	进账	
	支付	
支付宝进账结算	进账	
	支付	

八、活动评价与反馈。

请根据活动情况据实填写表 2-8。

表 2-8　学习活动考核评价表

学习活动名称：了解银行账户，获取企业货币资金收支结算方式，并区分单据种类

班级：		学号：		姓名：		指导教师：			
评价项目	评价标准		评价依据（信息、佐证）	评价方式			权重	得分小计	总分
				自我评价	小组评价	教师(企业)评价			
				10%	20%	70%			
关键能力	1. 能严格遵守资料查阅要求，服从企业工作安排 2. 能参与小组讨论，相互交流 3. 能积极主动、勤学好问 4. 能清晰、准确表达		1. 课堂实践表现 2. 工作页填写				40%		
专业能力	能查询相关资料，获取账户种类、预留印鉴、企业结算方式、纳税人和单据种类等相关信息		1. 课堂实践表现 2. 工作页填写				60%		
指导教师综合评价	指导教师签名：					日期：			

学习活动二　整理货币资金收支业务管理规定

【学习目标】

1. 根据《中华人民共和国现金管理暂行条例》，查阅公司财务管理制度，列出库存现金收支范围。

2. 根据《中华人民共和国现金管理暂行条例》，查阅公司财务管理制度，整理库存现金管理规定。

3. 根据《中华人民共和国票据法》《支付结算办法》和《票据管理实施办法》，查阅公司财务管理制度，整理票据管理规定。

4. 根据《中华人民共和国票据法》《支付结算办法》和《票据管理实施办法》，查阅公司财务管理制度，编写货币资金收支流程。

【建议学时】

8 学时

一、根据附录 7《中华人民共和国现金管理暂行条例》，查阅附录 8 现金日记账，完成下列内容。

1. 列出库存现金收支范围。

(1) 库存现金收入范围：

① _____
② _____
③ _____

(2) 库存现金支付范围：

① _____
② _____
③ _____
④ _____
⑤ _____
⑥ _____
⑦ _____
⑧ _____

除上述 _____ 两项外，其他各项在支付给个人的款项中，支付现金每人不得超过 1 000 元，超过限额的部分根据提款人的要求，在指定的银行转存为储蓄存款或以支票、银行本票予以支付。企业与其他单位的经济往来除规定的范围可以使用现金外，应通过开户银行进行转账结算。

2. 连连看（见图 2-16）。

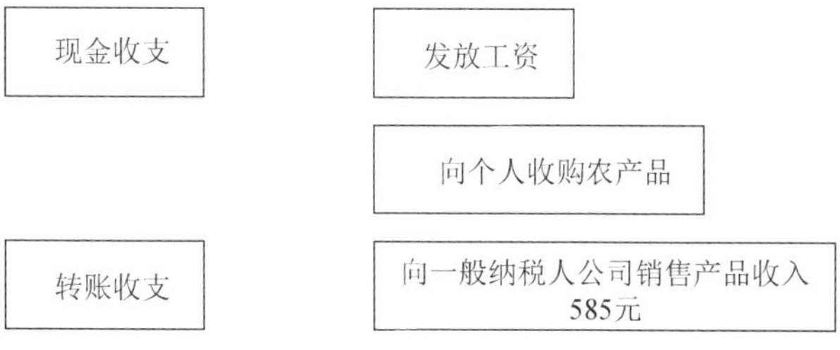

现金收支　　　　　　发放工资

　　　　　　　　　　向个人收购农产品

转账收支　　　　　　向一般纳税人公司销售产品收入 585 元

图 2-16　连连看

3. 按照小组座位先后,依次回答,聆听教师点评。

二、网络搜集现金管理的相关规定,咨询财务经理,各组同学在组长带领下,独立完成下列内容,并按照小组座位先后,依次回答,聆听教师点评。

1. 库存现金限额一般_____天,边远山区或距离银行较远的地区可以超过_____天,但最多不超过_____天。影响因素有_____、_____和_____等。

2. 坐支:_____。

3. 杨阳同学跟岗学习时,翻阅了企业5月份资料。请根据资料写出企业现金管理中存在的问题。

资料:5月4日上班前公司接到上级部门突击财务检查的通知,要求出纳协助做好现金盘点。公司库存现金限额5 000元。库存现金盘点表如表2-9所示。

表2-9 库存现金盘点表

盘点日期:2020年5月6日　　　　　　　　　　　　　　　　金额单位:元

清点现金			核对账目	
货币面值	张数	金额	项目	金额
100	30	3 000.00	截至盘点日现金账面余额	6 000.00
50	2	100.00	其中:	
20	13	260.00		
10	8	80.00	加:收入凭证未入账	
5	9	45.00	出售废旧报纸收入	200.00
2			离职员工李娜逾期未领取的工资	300.00
1	15	15.00	减:付出凭证未入账	
0.5			白条充抵现金(2张)	
0.2			其中:王芳经批准借支的差旅费	1 000.00
0.1			张莉个人借款	1 500.00
0.05				
0.02				
0.01				
存折				
现金等价物				
			调整后现金余额	4 000.00
现金合计		3 500.00	长款(+)或短款(-)	-500.00
说明:				

负责人:李强　　　　会计主管:张平　　　　出纳:刘峰　　　　盘点:谢梅芳

核对附录 8 现金日记账和表 2-9，指出现金管理中的问题。

问题 1：_____

问题 2：_____

问题 3：_____

问题 4：_____

问题 5：_____

三、根据《中华人民共和国票据法》和《票据管理实施办法》，阅读附录 9《江南饼业有限责任公司财务票据管理制度（试行）》，摘录整理出票据管理规定。

要求：利用随机器抽取 4 个小组，由小组代表利用展示台展示结果，聆听教师点评。

1. 适用范围：_____
2. 票据管理：_____
3. 票据领用：_____
4. 票据注销：_____
5. 票据结存检查：_____

四、查阅或咨询购买支票流程，填写购买支票的关键词。运用小组拓展法，两两互查，四四对照，最后请一位代表回答，聆听教师点评。

1. 支票购买流程。

(1) 携带印鉴卡的预留章（一般指财务章、法人签章），注：还要把开户账号带上，申购单上需填写。

(2) 到银行前台领取《票据和结算凭证申购单》，填写并加盖银行预留章。

(3) 假设 1 本转账支票售价 30 元，手续费 5 元（可现付，也可账上扣）。

第一步：填写_____

第二步：加盖_____

第三步：缴纳_____ 和_____ 费用。

2. 企业 2020 年 6 月 10 日需要购买 5 本支票本，请填写支票申领单（见图 2-17），并计算购置费。

支 票 申 领 单

年　　月　　日

_____需要借用支票_____份，支票号码_____，限用金额_____。

经手人_____ 部门负责人_____ 单位领导_____

图 2-17　支票申领单

五、阅读公司财务制度、咨询财务经理，或通过网络咨询，摘录企业资金审批权限并完成拼图。利用随机器抽取 4 组，请小组代表利用展示台展示结果，聆听教师点评。

(1) 部门经理权限：_____
(2) 分管领导权限：_____
(3) 财务主管领导权限：_____
(4) 企业主要负责人权限：_____
(5) 资金支付流程拼图（见图 2-18）。

☐ → ☐ → ☐ → ☐

图 2-18　资金支付流程拼图

六、活动评价与反馈。

请根据活动情况据实填写表 2-10。

表 2-10　学习活动考核评价表

学习活动名称：　整理货币资金收支业务管理规定

班级：		学号：		姓名：		指导教师：		
评价项目	评价标准	评价依据（信息、佐证）	评价方式			权重	得分小计	总分
			自我评价	小组评价	教师(企业)评价			
			10%	20%	70%			
关键能力	1. 能严格遵守资料查阅要求，服从企业工作安排 2. 能参与小组讨论，相互交流 3. 能积极主动、勤学好问 4. 能清晰、准确表达	1. 课堂实践表现 2. 工作页填写				40%		
专业能力	能查询相关资料，获取库存现金收支范围、库存现金管理规定、票据管理规定和货币资金收支流程	1. 课堂实践表现 2. 工作页填写				60%		
指导教师综合评价	指导教师签名：				日期：			

学习活动三　货币资金收支业务单据的填制和审核

【学习目标】

1. 根据货币资金收支情况，能叙述货币资金业务单据填制要求。
2. 根据货币资金收支情况，能列举货币资金收入和支出的种类。
3. 根据货币资金填制和审核标准，能填制和审核货币资金业务单据。
4. 根据货币资金收支情况，能叙述货币资金业务单据审核要求。

【建议学时】

24 学时

一、查阅附录 10《正确填写票据和结算凭证的基本规定（摘录）》，完成下列问题。要求：划出关键字，按照小组座位先后，依次派代表回答问题，聆听教师点评。

1. 票据日期填写要求。

年：_____
月：①_____ ②_____ ③_____
日：①_____ ②_____ ③_____
④_____

2. 金额填写。

小写：数字前加_____
大写：数字前加_____，以_____结尾的加_____

3. 签章

票据印鉴：_____ + _____

4. 请填写下列票据日期：

2019 年 1 月 5 日：_____
2014 年 2 月 12 日：_____
2018 年 3 月 10 日：_____
2017 年 4 月 20 日：_____
2016 年 5 月 30 日：_____
2013 年 10 月 25 日：_____
2012 年 11 月 16 日：_____
2015 年 12 月 22 日：_____
2018 年 6 月 9 日：_____

二、审阅下列货币资金收入方面的业务单据,填写业财融合表(见表 2-11)。要求:按照小组座位先后,依次派代表回答问题,聆听教师点评。

1. 业务一(见图 2-19)。

图 2-19 业务一

2. 业务二(见图 2-20 至图 2-22)。

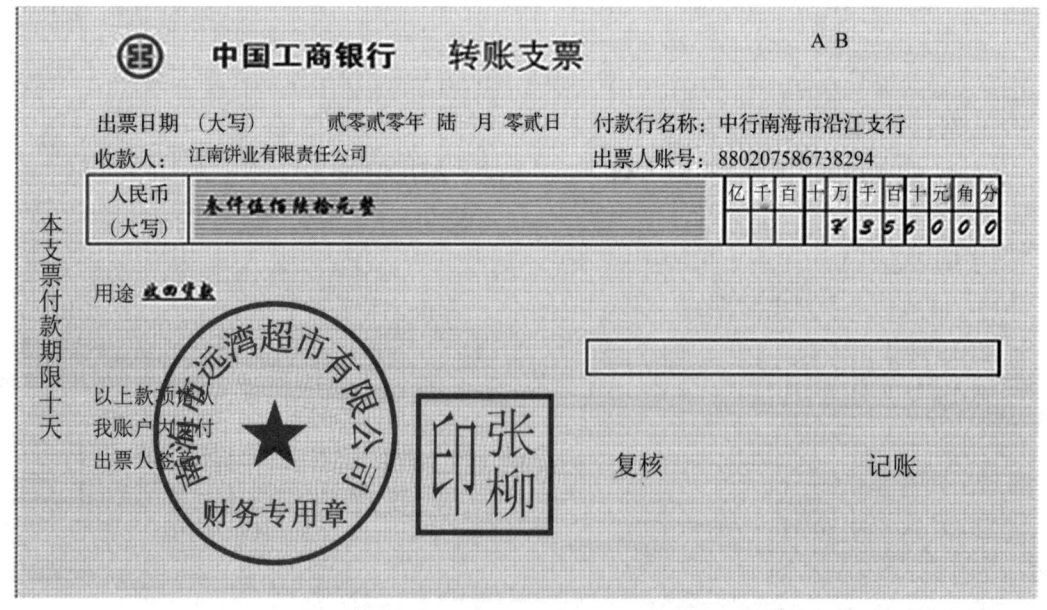

图 2-20 业务二(1)

附加信息：	被背书人 工行南海市南平路支行	被背书人	（贴粘单处）
	委托收款		
	背书人签章 年　月　日	背书人签章 年　月　日	

图 2-21　业务二(2)

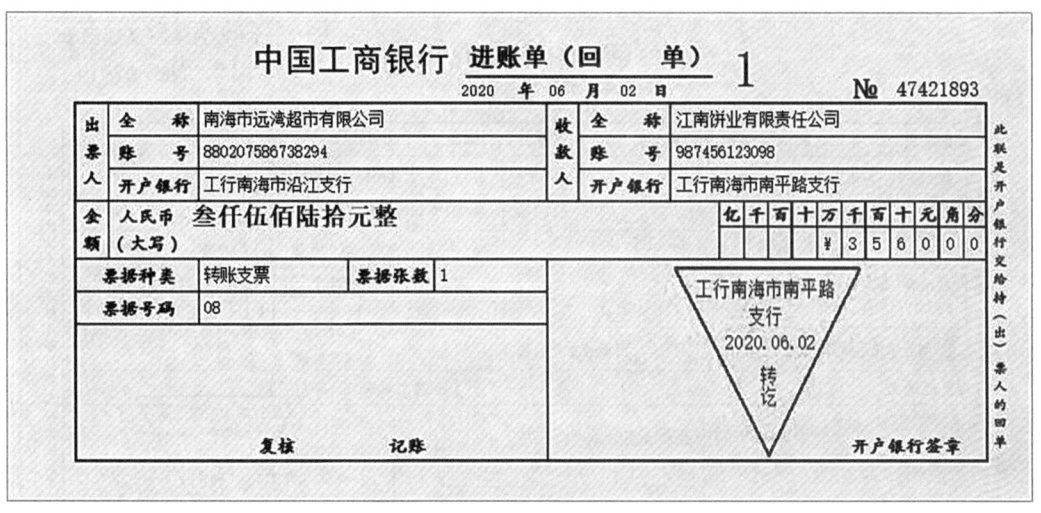

图 2-22　业务二(3)

3. 业务三（见图 2-23 至图 2-24）。

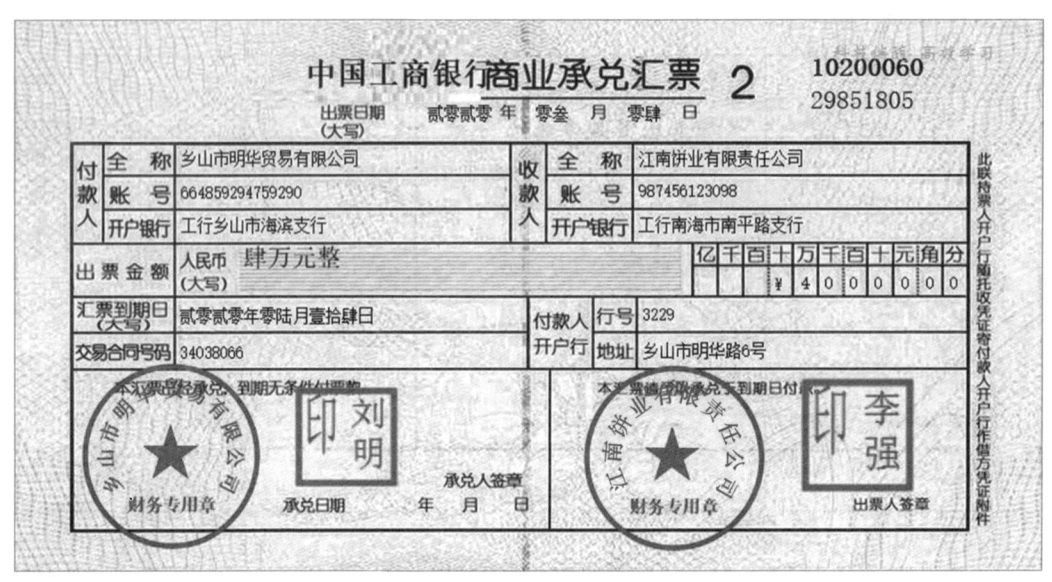

图 2-23　业务三（1）

图 2-24　业务三（2）

4. 业务四(见图 2-25)。

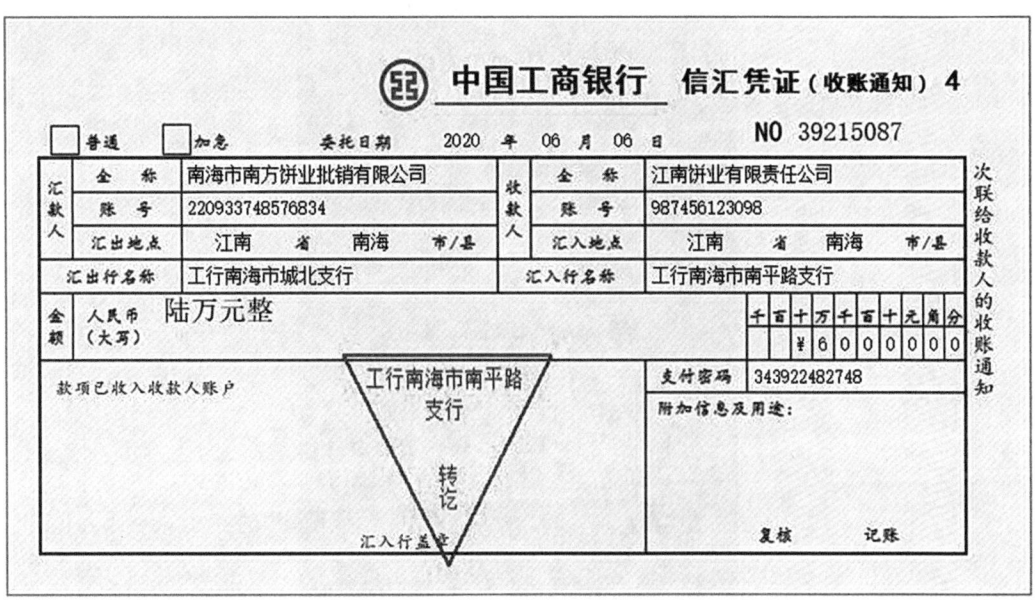

图 2-25　业务四

5. 业务五(见图 2-26)。

图 2-26　业务五

6. 业务六(见图 2-27 至图 2-32)。

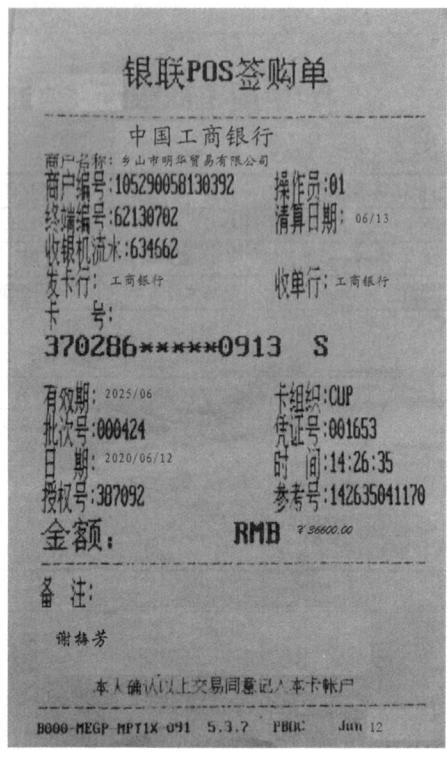

图 2-27　业务六(1)

图 2-28　业务六(2)

图 2-29　业务六(3)

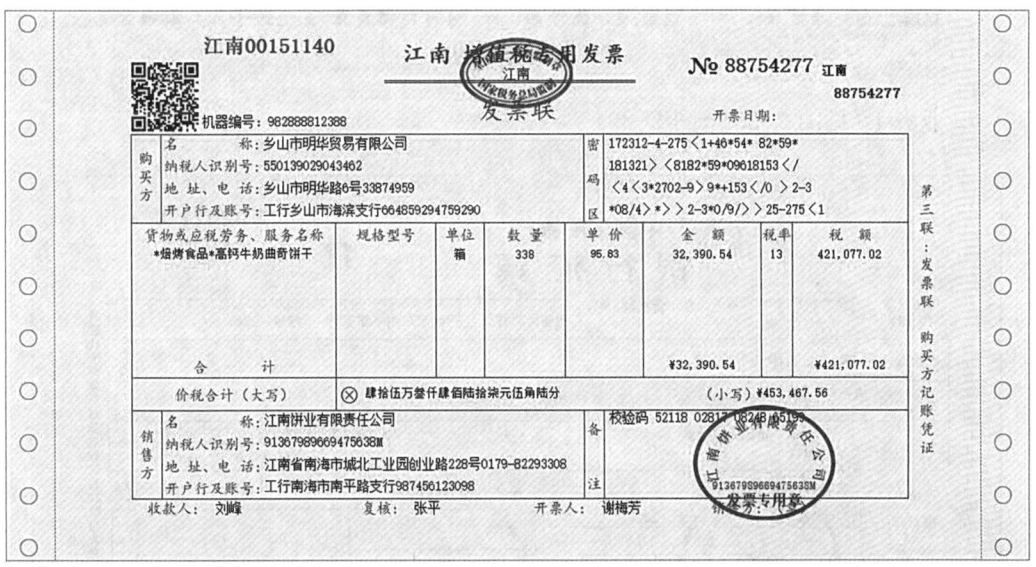

图 2-30　业务六(4)

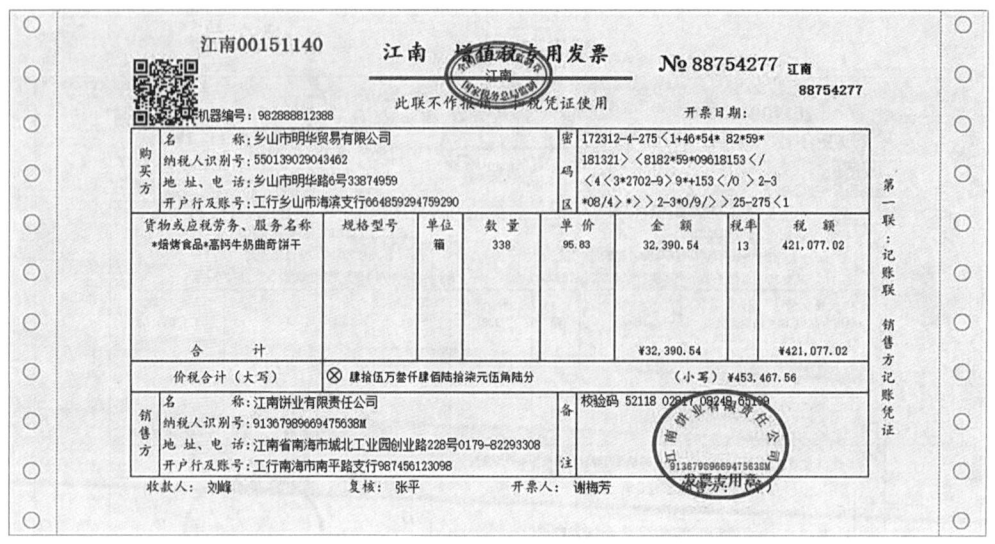

图 2-31 业务六(5)

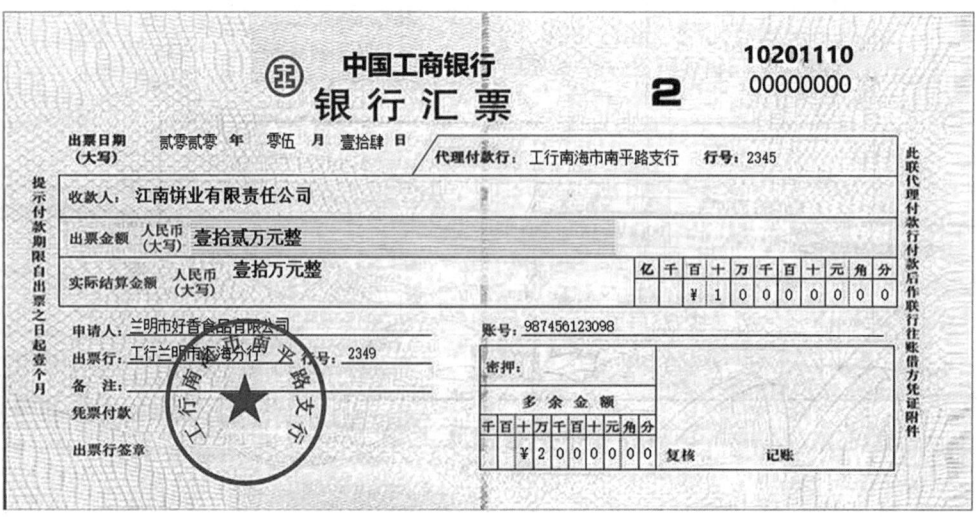

图 2-32 业务六(6)

7. 业务七(见图 2-33 至图 2-39)。

图 2-33 业务七(1)

学习任务二　货币资金收支业务单据的填制和审核　037

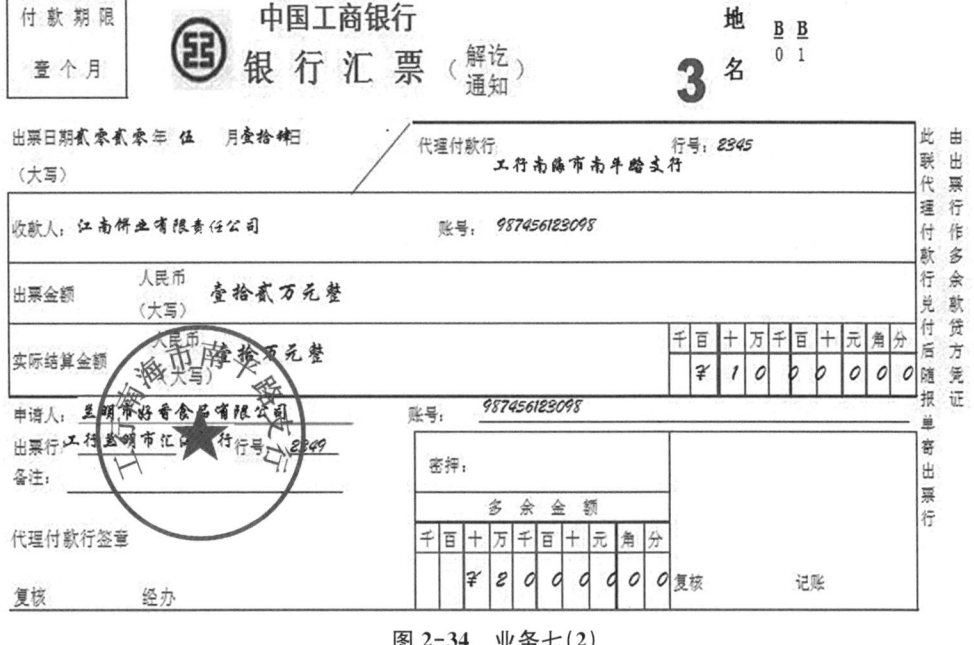

图 2-34　业务七(2)

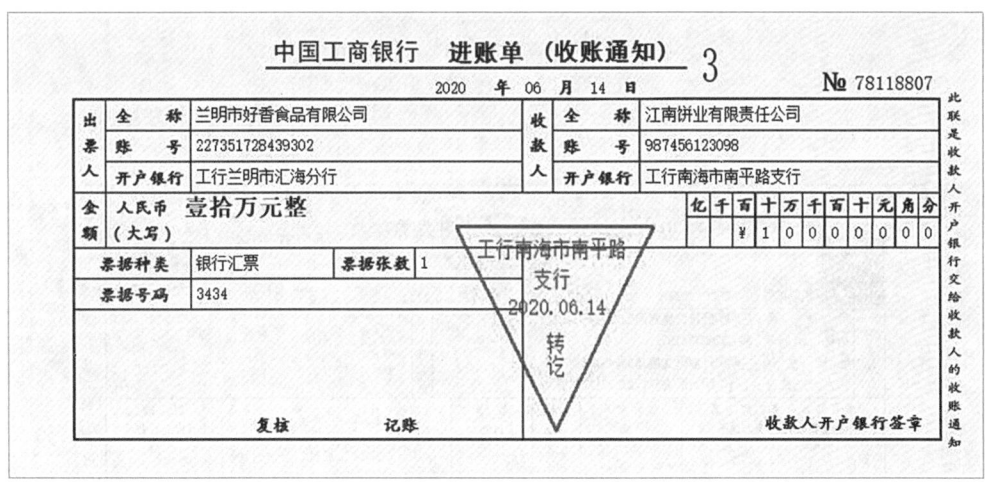

图 2-35　业务七(3)

产成品出库单

购货单位：兰明市好香食品有限公司　　2020年6月14日　　编号：602

产品名称	计量单位	出库数量	备注
苏打夹心饼干	箱	1165	
合计			

仓库主管：梁建涛　　仓管员：陈伟卫　　财务：张三蓝　　经手人：谢梅芳

图 2-36　业务七(4)

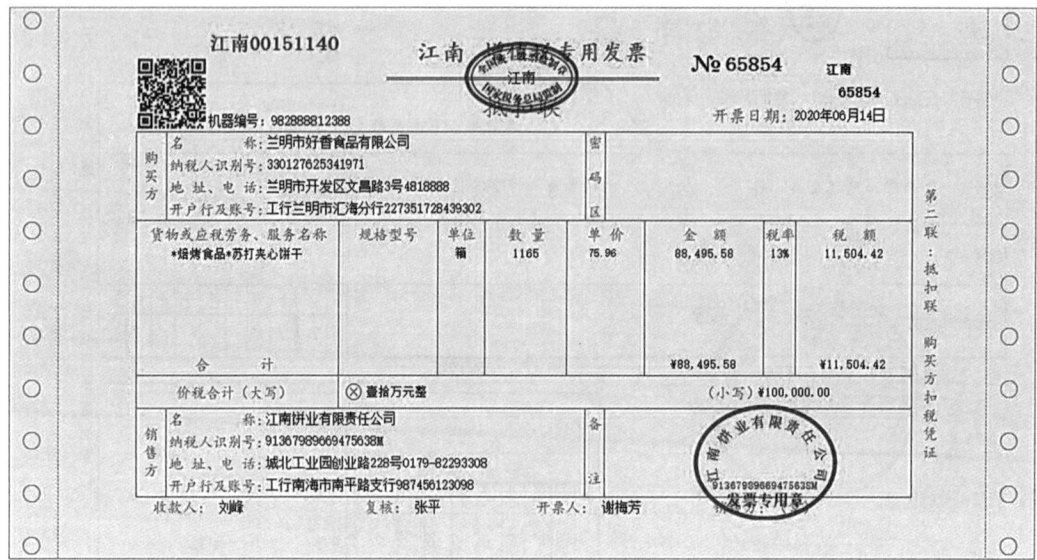

图 2-37　业务七(5)

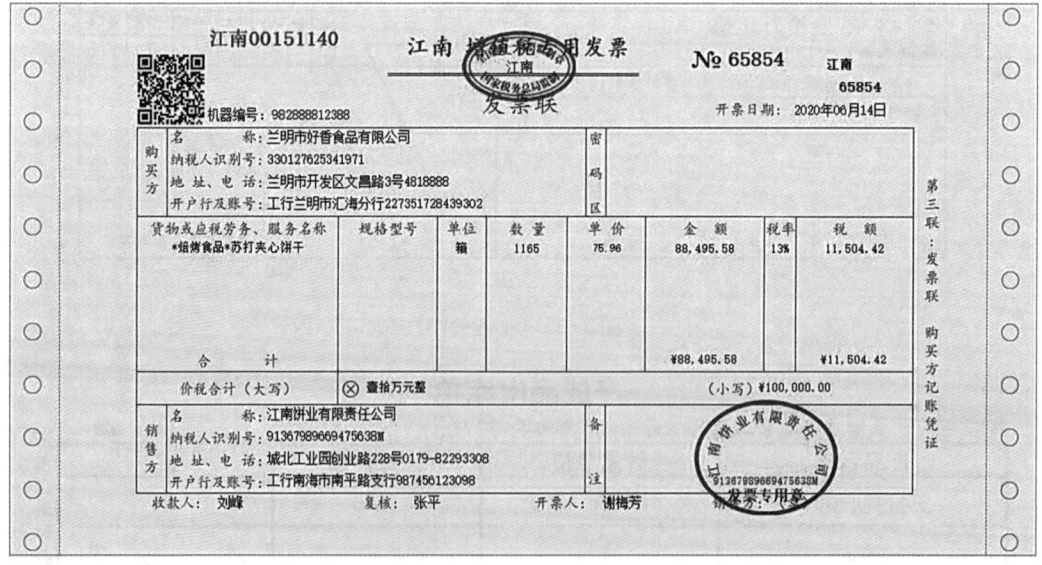

图 2-38　业务七(6)

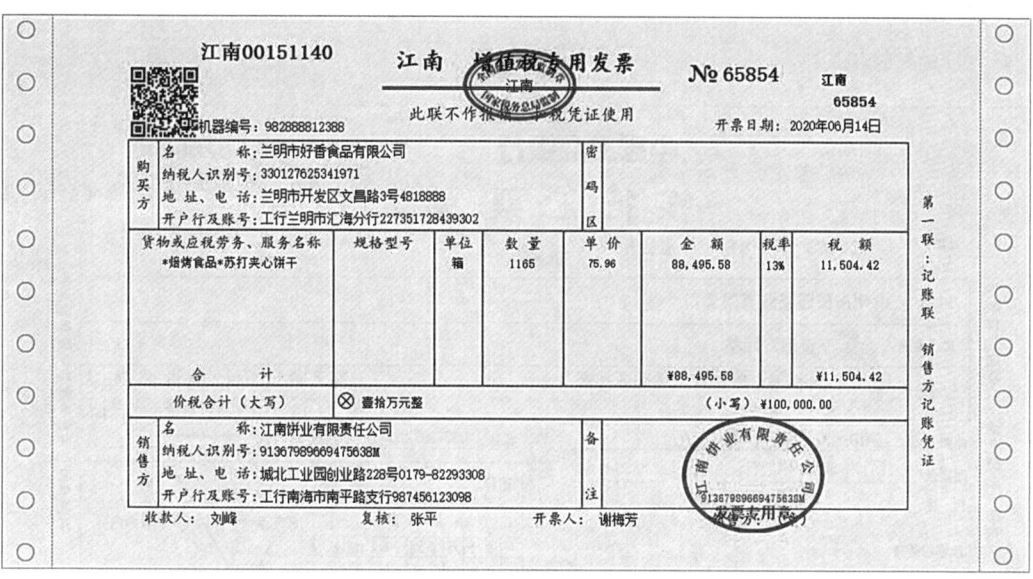

图 2-39　业务七(7)

8. 业务八(见图 2-40)。

图 2-40　业务八

9. 业务九(见图2-41)。

图 2-41 业务九

10. 业务十(见图2-42)。

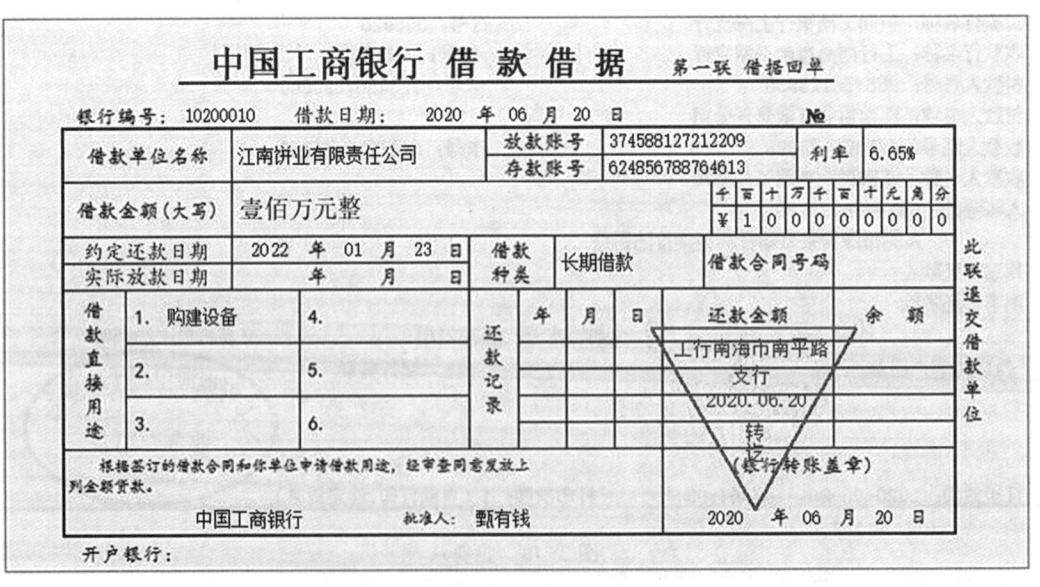

图 2-42 业务十

11. 业务十一(见图 2-43)。

中国工商银行　　　网上银行电子回单

电子回单号码：0008-2971-5466-1000					
付款人	户名	兰明市好香食品有限公司	收款人	户名	江南饼业有限责任公司
	账号	227351728439302		账号	987456123098
	开户银行	工行兰明市汇海分行		开户银行	工行南海市南平路支行
金额		人民币（大写）：叁拾陆万壹仟壹佰陆拾陆圆柒角壹分			¥361,166.71
币种		人民币	交易渠道		EBANK
摘要		收回货款	业务（产品）种类		转账
用途			结清账户		
交易流水号		71811560	时间戳		2020-06-25-15.37.56.234567
备注：					
验证码： rTYUAki7WI3cNI9CKiKwTgUi9=					
记账网点：3098		记账柜员：00067		记账日期：2020年06月25日	
				打印日期：2020年06月25日	

图 2-43　业务十一

12. 业务十二(见图 2-44 至图 2-47)。

图 2-44　业务十二(1)

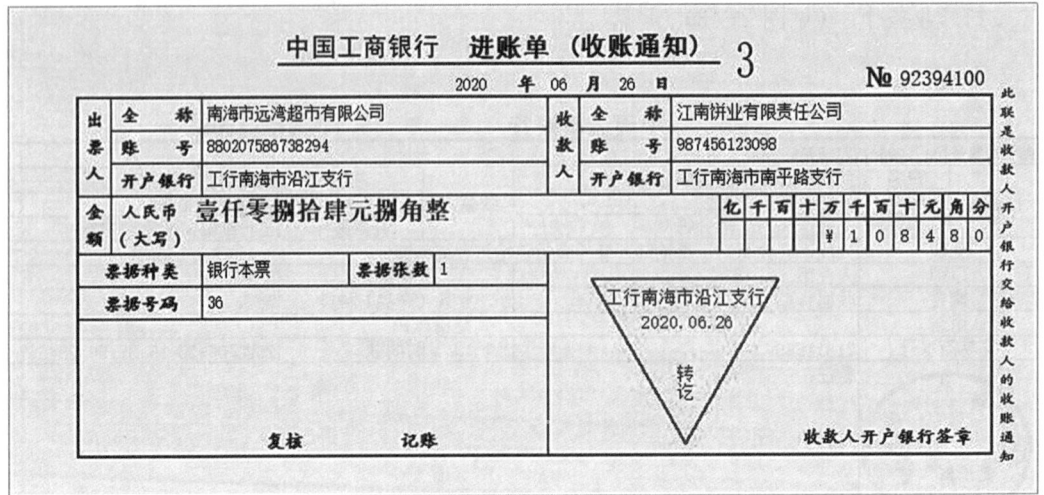

图 2-45　业务十二(2)

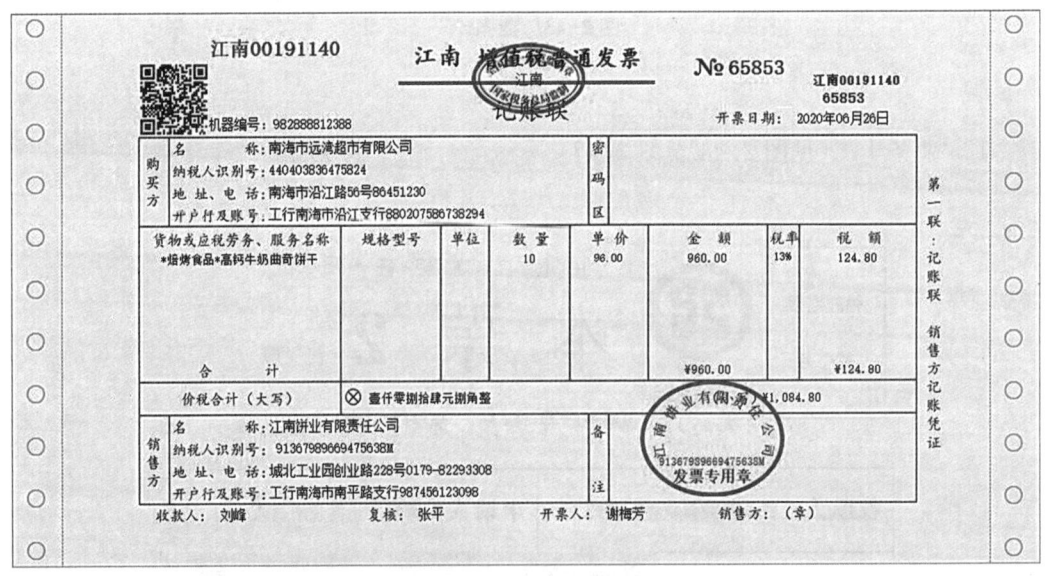

图 2-46　业务十二(3)

产成品出库单

购货单位：南海市远湾超市有限公司　　2020年6月26日　　　　编号：603

产品名称	计量单位	出库数量	备注
高钙牛奶饼干	箱	2200	
合计			

仓库主管：梁建涛　　仓管员：陈伟卫　　财务：张三蓝　　经手人：谢梅芳

图 2-47　业务十二(4)

13. 业务十三(见图 2-48 至图 2-51)。

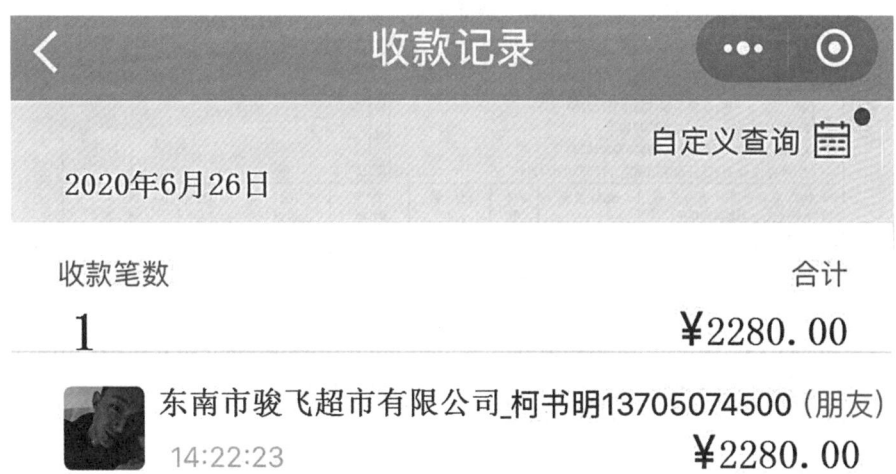

图 2-48　业务十三(1)

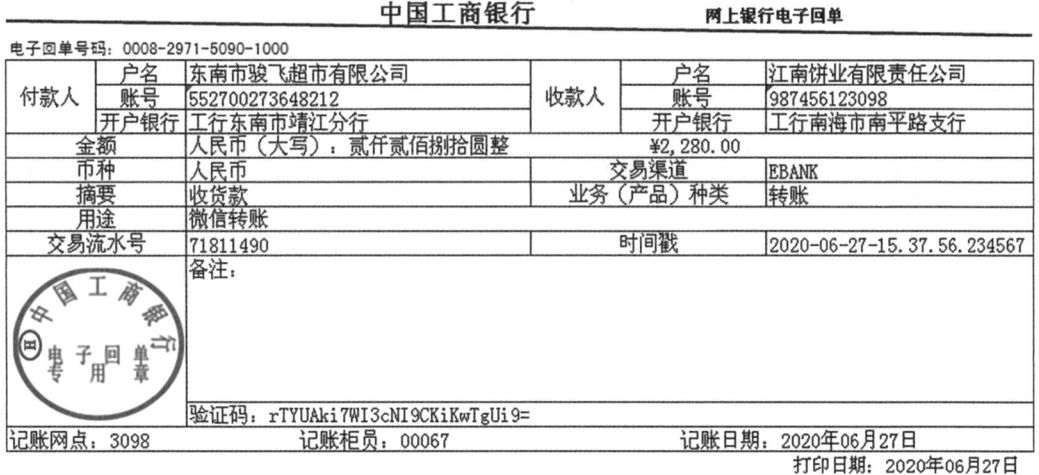

图 2-49　业务十三(2)

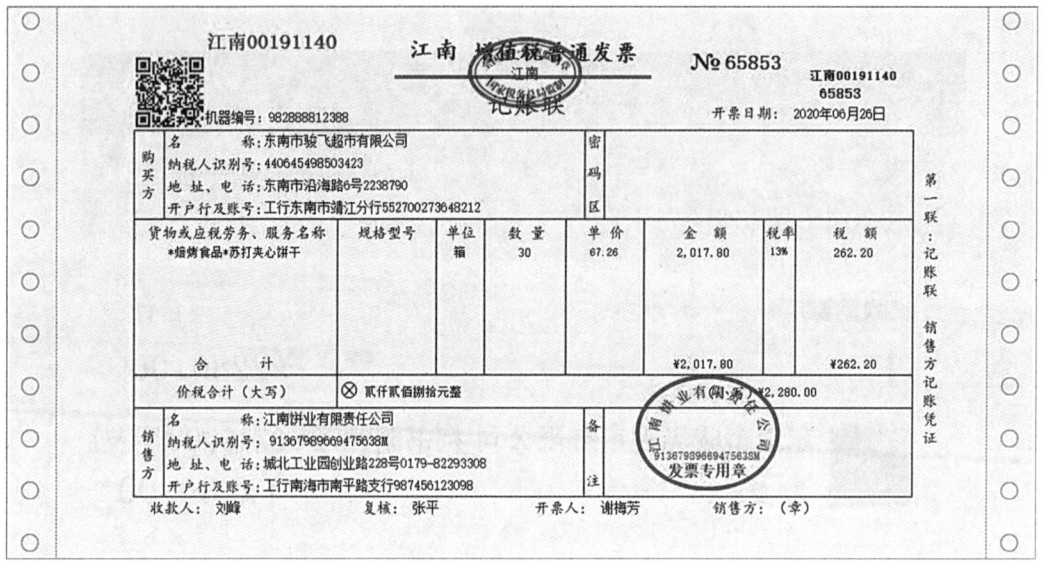

图 2-50　业务十三(3)

产成品出库单

购货单位：东南市骏飞超市有限公司　　2020年6月11日　　编号：604

产品名称	计量单位	出库数量	备注
苏打夹心饼干	箱	30	
合计			

仓库主管：梁建涛　　仓管员：陆伟卫　　财务：张三蓝　　经手人：谢梅芳

图 2-51　业务十三(4)

14. 业务十四（见图 2-52 至图 2-53）。

< 收款记录

本月 ▼

 收款-南海市鉴湖食品贸易有限公司 +1500.00
收回货款
2020-06-28 15:36

仅展示近1年的记录，更多记录可通过选择时间查找

图 2-52　业务十四(1)

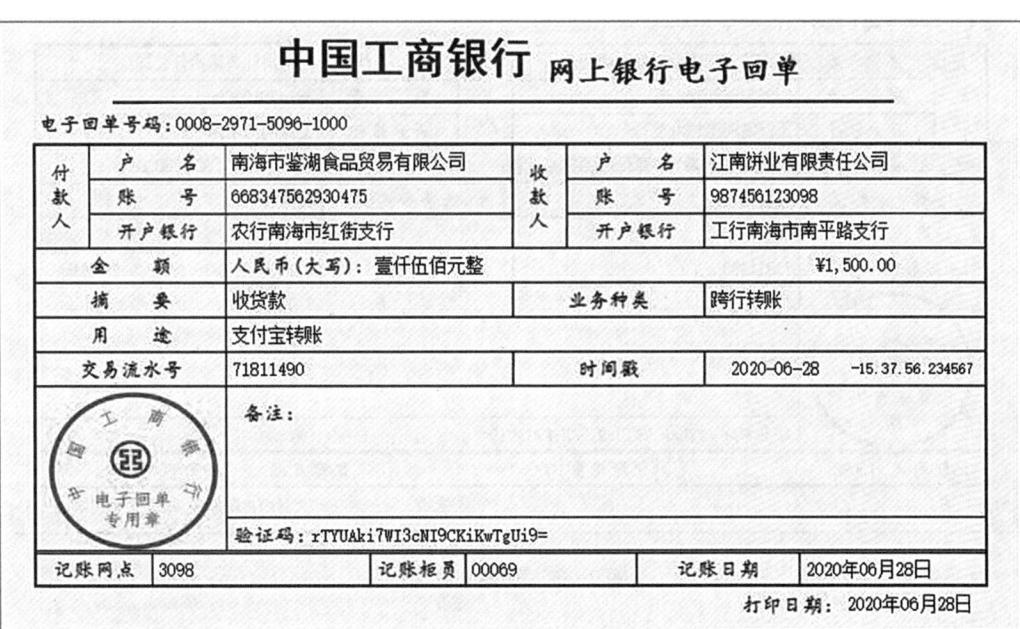

图 2-53　业务十四(2)

15. 业务十五(见图 2-54 至图 2-57)。

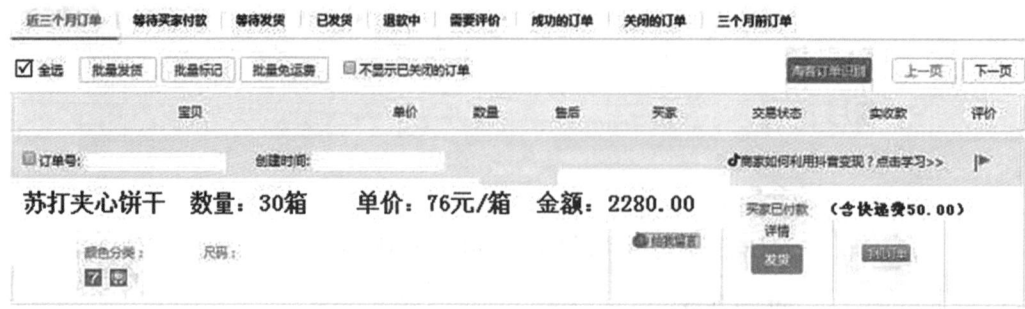

图 2-54　业务十五(1)

图 2-55　业务十五(2)

江南增值税普通发票

No 6583

此联不作报销、扣税凭证使用　　开票日期2020年6月30日

购货单位	名　　称：	南海市南方饼业批销有限公司	密码区
	纳税人识别号：	440402926479237	
	地址、电话：	南海市汇海区东川北路68号84020382	
	开户行及账号：	工行南海市城北支行220933748576834	

货物或应税劳务名称	规格型号	单位	数量	单价	金额	税率	税额
苏打夹心饼干		箱	30	67.26	2017.80	13%	262.20
合　计							

价税合计（大写）　⊗ 贰仟贰佰捌拾元整　　　　　　（小写）￥2280.00

销货单位	名　　称：	江南饼业有限责任公司	备注
	纳税人识别号：	91367989669475638M	
	地址、电话：	城北工业园创业路228号0179-82293308	
	开户行及账号：	工行南海市南平路支行987456123098	

收款人：刘峰　　复核：张平　　开票人：谢梅芳　　销货单位：（盖章）

图 2-56　业务十五(3)

产成品出库单

购货单位：南海市南方饼业批销有限公司　　2020年6月30日　　编号：605

产品名称	计量单位	出库数量	备注
苏打夹心饼干	箱	30	
合计			

仓库主管：梁建涛　　仓管员：陈伟卫　　财务：张三蓝　　经手人：谢梅芳

图 2-57　业务十五(4)

表 2-11　业财融合表

业务	结算方式	票据处理	会计分录及附件
1		收据上加盖_____	
2		收到_____时,背面被背书人处写_____,写上_____字样,加盖预留银行的_____和_____后交_____,同时填写一式三联_____,企业根据_____作为收款入账的原始凭证	

(续表)

业务	结算方式	票据处理	会计分录及附件
3		商业承兑汇票提示付款期_____天,到期提示付款时填写一式_____联的_____。本例中,商业承兑汇票的承兑期为_____	
4	汇兑	该结算方式分为_____和_____,本例属于_____。	
5	托收承付	采用该结算方式,有_____承付和_____承付,相对委托收款方式,银行负有_____义务	
6	银行卡	采用刷卡结算方式,凭_____做收账入账,POS单可不做附件;增值税专用发票一式_____联,_____联和_____联交买方,_____作为卖方原始凭证附件,本例主体企业江南饼业有限责任公司是_____方	
7	银行汇票	(1) 银行汇票一式_____联,企业收款收到银行汇票时,将_____联和_____交银行,同时填写一式三联的银行进账单,企业根据_____作为收款入账的原始凭证 (2) 增值税发票一式_____联,_____联和_____联交买方,_____作为卖方原始凭证附件,本例主体企业江南饼业有限责任公司是_____方 (3) 发票开票日和银行汇票出票日为什么不一致_____	
8	汇兑	该结算方式分为_____和_____,本例属于_____。	
9		银行汇票各联次分别是_____	
10		向银行借款时,需要存入_____账户	
11		_____是实务中广泛使用的结算票据	
12	银行本票	(1) 增值税普通发票有_____联票和五联票。五联票,_____联交买方,_____作为卖方原始凭证附件,另_____联作为备查,本例主体企业江南饼业有限责任公司是_____方 (2) 银行本票一式_____联,分别为_____,企业收款收到银行本票时,将_____联交银行,同时填写一式三联的银行进账单,企业根据_____作为收款入账的原始凭证	
13	微信	采用微信收款结算,凭_____做收账入账,微信收款单可不做附件;当客户需要发票时,可采用邮寄方式寄送	
14	支付宝	采用支付宝收款结算,凭_____做收账入账,支付宝收款单可不做附件;当客户需要发票时,可采用邮寄方式寄送	
15	淘宝	采用淘宝收款结算,凭_____做收账入账,淘宝收款单可不做附件;当客户需要发票时,可采用邮寄方式寄送	

三、审阅下列货币资金支付方面的业务单据，填写业财融合表（见表2-12）。要求：按照小组座位先后，依次派代表回答问题，聆听教师点评。

1. 业务一（见图2-58）。

借　款　单

资金性质＿＿＿＿＿＿　　　　2020 年 06 月 08 日

借款单位	采购业务部		
借款理由	出差借款		
借款数额	人民币（大写）贰仟元整　　¥ 2,000.00		
本单位负责人意见	李强	借款人（签章）	谢梅芳
领导指示：	会计主管人员核批：张平　同意　现金付讫	付款记录：年　月　日以第　号　支票或现金支出凭单付给	

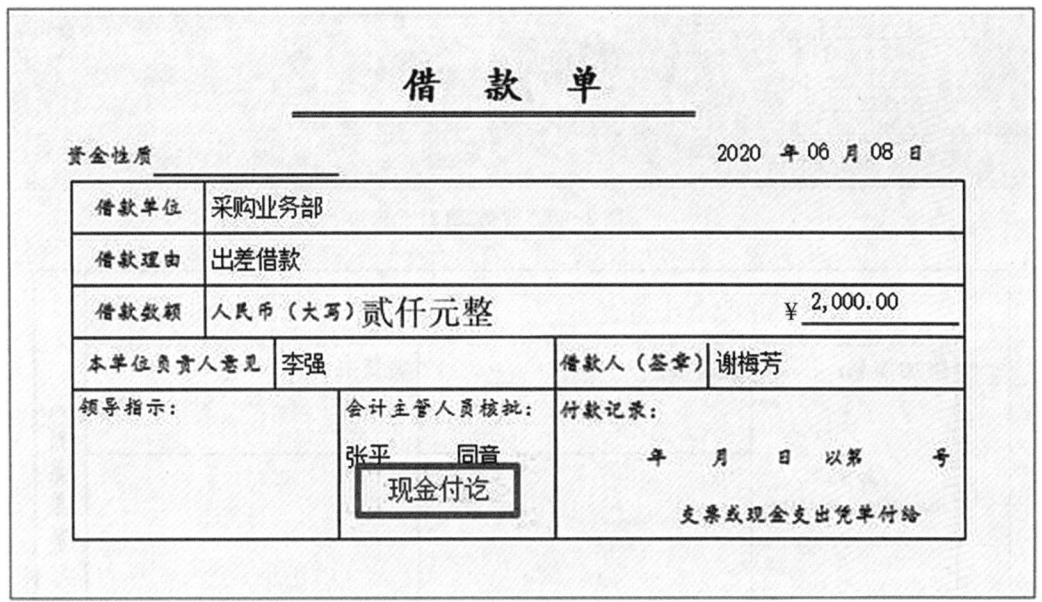

图2-58　业务一

2. 业务二（见图2-59至图2-61）。

支　票　申　领　单

2020 年 6 月 5 日

因提取现金＿＿需要借用支票＿1＿份，支票号码＿00356211＿，限用金额＿人民币伍仟元整＿¥5000.00＿。

经手人＿刘峰＿部门负责人＿张平＿单位领导＿李强＿

图2-59　业务二(1)

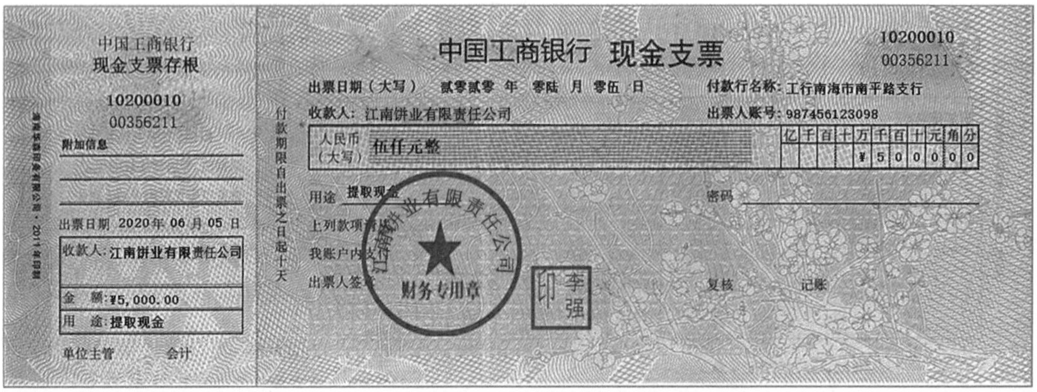

中国工商银行
现金支票存根
10200010
00356211
附加信息
出票日期 2020年 06 月 05 日
收款人: 江南饼业有限责任公司
金 额: ¥5,000.00
用 途: 提取现金
单位主管 会计

中国工商银行 现金支票 10200010 00356211
出票日期(大写) 贰零贰零 年 零陆 月 零伍 日 付款行名称: 工行南海市南平路支行
收款人: 江南饼业有限责任公司 出票人账号: 987456123098
人民币(大写) 伍仟元整 ¥ 5 0 0 0 0 0
付款期限自出票之日起十天
用途 提取现金 密码
上列款项请从我账户内支付
出票人签章 复核 记账
江南饼业有限责任公司 财务专用章
李强印

图 2-60 业务二(2)

附加信息:	被背书人	被背书人	（贴粘单处）
刘峰 440802198309230812	背书人签章 年 月 日	背书人签章 年 月 日	

图 2-61 业务二(3)

3. 业务三(见图 2-62 至图 2-64)。

支 票 申 领 单

2020 年 6 月 5 日

支付货款 需要借用支票 1 份，支票号码 0034560，限用金额 人民币伍万壹仟元整 ¥51000.00。

经手人 刘峰 部门负责人 张平 单位领导 李强

图 2-62 业务三(1)

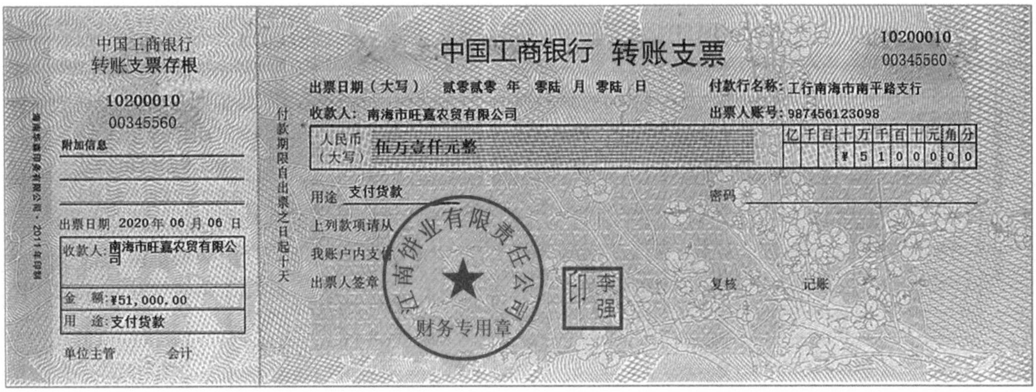

中国工商银行
转账支票存根
10200010
00345560
附加信息
出票日期 2020年06月06日
收款人：南海市旺嘉农贸有限公司
金　额：¥51,000.00
用　途：支付货款
单位主管　　会计

中国工商银行　转账支票　　10200010　00345560
出票日期（大写）　贰零贰零　年　零陆　月　零陆　日　　付款行名称：工行南海市南平路支行
收款人：南海市旺嘉农贸有限公司　　出票人账号：987456123098
付款期限自出票之日起十天
人民币（大写）伍万壹仟元整　　¥ 5 1 0 0 0 0 0
用途　支付货款　　密码
上列款项请从
我账户内支付
出票人签章　　江南饼业有限责任公司　财务专用章　　李强印　　复核　　记账

图 2-63　业务三(2)

附加信息：	被背书人	被背书人	（贴粘单处）
	背书人签章 年　月　日	背书人签章 年　月　日	

图 2-64　业务三(3)

4. 业务四（见图 2-65 至图 2-66）。

中国工商银行　　　　　　　　　　　　　　　收费凭条

2020年 06月 06日

付款人名称	江南饼业有限责任公司	付款人账号	987456123098									
服务项目 (凭证种类)	数量	工本费	手续费	小　　　　　计								上述款项请从我账户中支付
				百	十万	千	百	十	元	角	分	
承兑手续费			51.90				¥	5	1	9	0	
												预留印鉴
币种(大写)												
			以下在购买凭证时填写									
领购人姓名	刘峰	领购人证件类型	身份证									
		领购人证件号码	440502198309230512									

事后监督：李杨　　　　　　　　　　　　　记账：张亮

图 2-65　业务四(1)

银行承兑协议

编号：　10

银行承兑汇票的内容：

收款人全称　山州市田园糖业有限公司　　付款人全称　江南饼业有限责任公司
开　户　银　行　工行山州市凤凰支行　　开　户　银　行　工行南海市南平路支行
账　　　号　447382947384612　　　　账　　　号　987456123098
汇票号码　HP10　　　　　　　汇票金额（大写）　伍万壹仟玖佰元整
签发日期　2020年6月6日　　到期日期　2020年9月6日

以上汇票经承兑银行承兑，承兑申请人（下称申请人）愿遵守《银行结算办法》的规定以及下列条款：

一、申请人于汇票到期日前将应付票款足额交存承兑银行。
二、承兑手续费按票面金额千分之一计算，在银行承兑时一次付清。
三、承兑汇票如发生任何交易纠纷，均由收付双方自行处理，票于到期前仍按第一条办理。
四、承兑汇票到期日，承兑银行凭票无条件支付票款。如到期日之前申请人不能足额交付票款时，承兑银行对不足支付票款转作承兑申请逾期贷款，并按照有关规定计收罚息。
五、承兑汇票款付清后，本协议自动失效。本协议第一、二联分别由承兑银行信贷部门和承兑申请人存执，协议副本由承兑银行会计部门存查。

承兑申请人江南饼业有限责任公司（盖章）　　承兑银行工行南海市南平路支行（盖章）
订立承兑协议日期2020年6月6日

图 2-66　业务四(2)

5. 业务五(见图 2-67、图 2-68)。

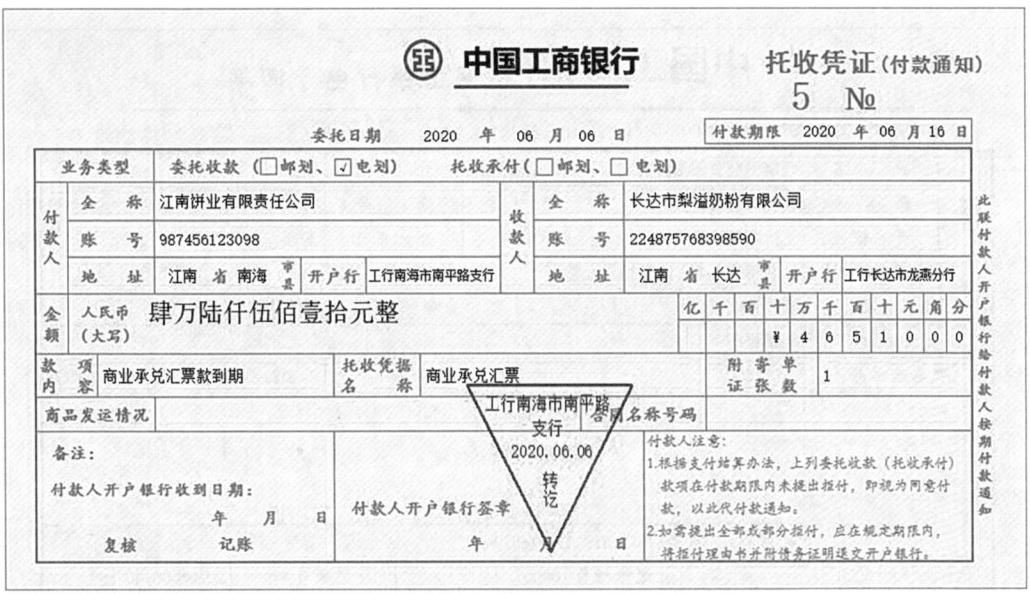

图 2-67　业务五(1)

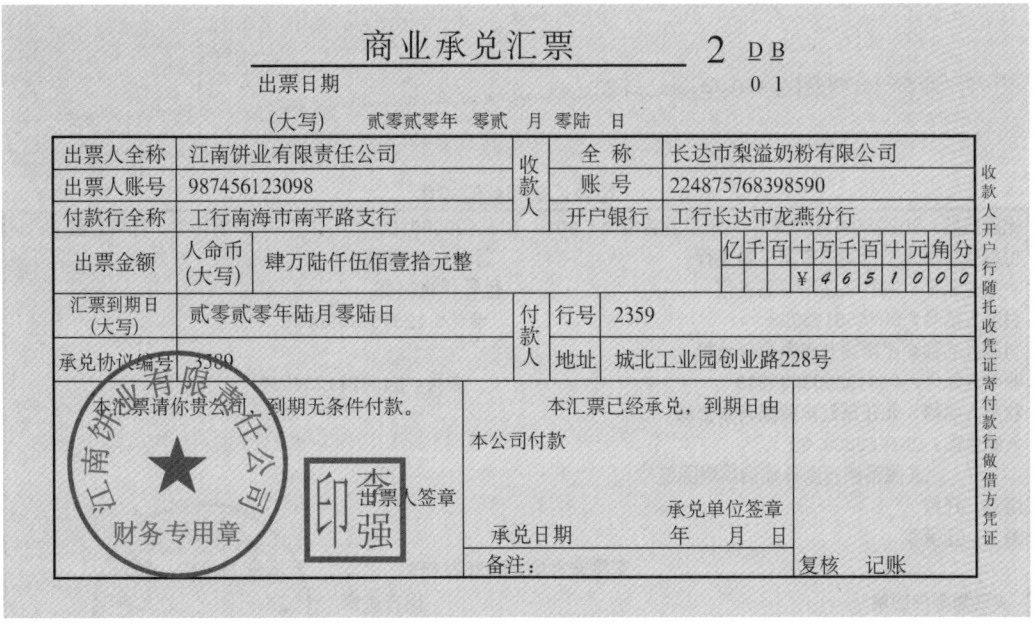

图 2-68　业务五(2)

6. 业务六(图 2-69)。

中国工商银行 网上银行电子回单

电子回单号码：0008-2971-5466-1000

付款人	户 名	江南饼业有限责任公司	收款人	户 名	
	账 号	987456123098		账 号	
	开户银行	工行南海市南平路支行		开户银行	3098

金 额	人民币(大写)：壹拾伍元整		¥15.00
摘 要	费用外收	业务种类	转账取款
用 途	结清账户		
交易流水号	71811560	时间戳	2020-06-07 -15.37.56.234567

备注：

验证码：rTYUAki7WI3cNI9CKiKwTgUi9=

记账网点	3098	记账柜员	00067	记账日期	2020年06月07日

打印日期：2020年06月07日

图 2-69 业务六

7. 业务七(见图 2-70 至图 2-73)。

国内汇款付款通知单

记账日期：2020年06月07日　　业务编号：D029 1061400000168　　交易种类：行内汇款
付款行名称：工行南海市南平路支行　　行号：358920
收款行名称：农行北江市海燕支行　　行号：345456
付款人账号：987456123098　　卡号：1234567890000
付款人名称：江南饼业有限责任公司
收款人账号：668402503594243　　卡号：5467211234567
收款人名称：北江市汇丰贸易有限公司
入账金额：CNY¥88608.00
　人民币捌万捌仟陆佰零捌圆整
用途：还款
附言：还货款
　　　　　　　　　　交易流水号：058621619
　　　　　　　　　　　　　　　　　　　　　交易机构：29450
次联为客户回单　　　　　　　　　银行盖章

(工行南海市南平路支行 业务专用章 HDIF)

打印时间：2020-06-07　08:57:03　　打印次数：1（自助打印.注意重复）

图 2-70 业务七(1)

江南00151140

江南 增值税专用发票

抵扣联

№ 34567 江南 34567

机器编号：982888812388

开票日期：2020年06月07日

购买方	名　　称：江南饼业有限责任公司 纳税人识别号：91367989669475638M 地 址、电 话：城北工业园创业路228号0179-82293308 开户行及账号：工行南海市南平路支行987456123098				密码区		
货物或应税劳务、服务名称	规格型号	单位	数量	单价	金额	税率	税额
*糖、加工糖及制糖副产品*白砂糖		千克	17824.4	4.40	78,414.16	13%	10,193.84
合　　计					¥78,414.16		¥10,193.84
价税合计（大写）	⊗捌万捌仟陆佰零捌元整				（小写）¥88,608.00		
销售方	名　　称：北江市汇丰贸易有限公司 纳税人识别号：220471537465869 地 址、电 话：北江市金山区海燕路198号3876591 开户行及账号：农行北江市海燕支行668402503594243				备注		

收款人：刘岚　　复核：张雨婷　　开票人：汪峰　　销售方：（章）

第二联：抵扣联　购买方扣税凭证

图 2-71　业务七(2)

江南00151140

江南 增值税专用发票

发票联

№ 34567 江南 34567

机器编号：982888812388

开票日期：2020年06月07日

购买方	名　　称：江南饼业有限责任公司 纳税人识别号：91367989669475638M 地 址、电 话：城北工业园创业路228号0179-82293308 开户行及账号：工行南海市南平路支行987456123098				密码区		
货物或应税劳务、服务名称	规格型号	单位	数量	单价	金额	税率	税额
*糖、加工糖及制糖副产品*白砂糖		千克	17824.4	4.40	78,414.16	13%	10,193.84
合　　计					¥78,414.16		¥10,193.84
价税合计（大写）	⊗捌万捌仟陆佰零捌元整				（小写）¥88,608.00		
销售方	名　　称：北江市汇丰贸易有限公司 纳税人识别号：220471537465869 地 址、电 话：北江市金山区海燕路198号3876591 开户行及账号：农行北江市海燕支行668402503594243				备注		

收款人：刘岚　　复核：张雨婷　　开票人：汪峰　　销售方：（章）

第三联：发票联　购买方记账凭证

图 2-72　业务七(3)

材料入库单（记账凭单）

供货单位：北江市汇丰贸易有限公   2020 年 6 月 7 日   材料类别：原材料   编号：001
发票号码：34567   材料编号：01   仓库：材料库

材料名称	计量单位	规格型号	数量		实际成本				实际单位成本
			应收	实收	单价	金额	运杂费	合计	
白砂糖	千克		17824.40	17824.40	4.40	78414.16		78414.16	4.40
备注：					合计	78414.16		78414.16	4.40

采购：李伟洪   检验：陈秋   保管：张飞   主管：张平   财务：李云娜

图 2-73   业务七(4)

8. 业务八（见图 2-74 至图 2-75）。

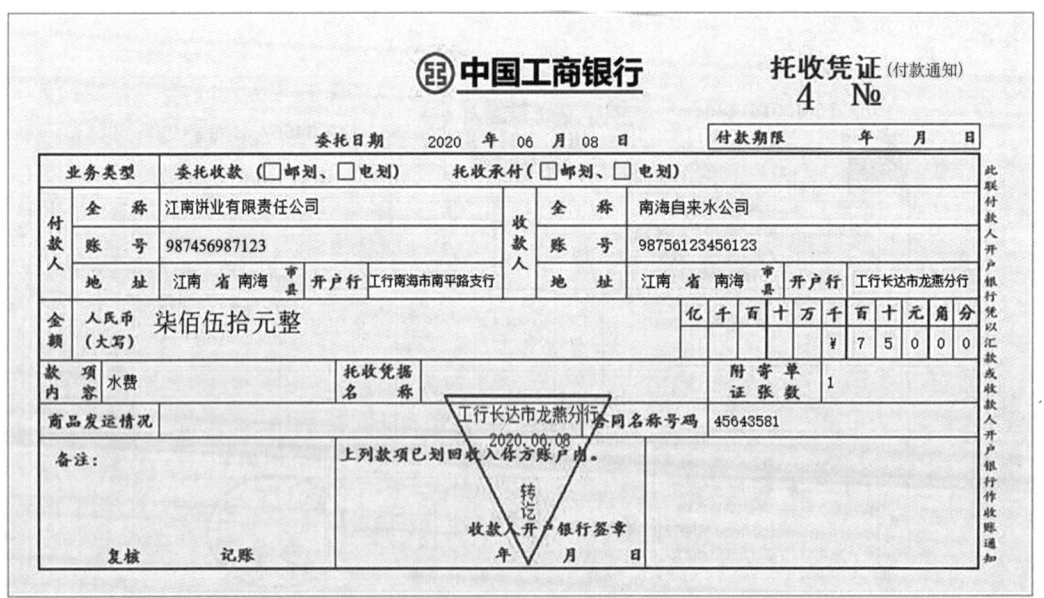

图 2-74   业务八(1)

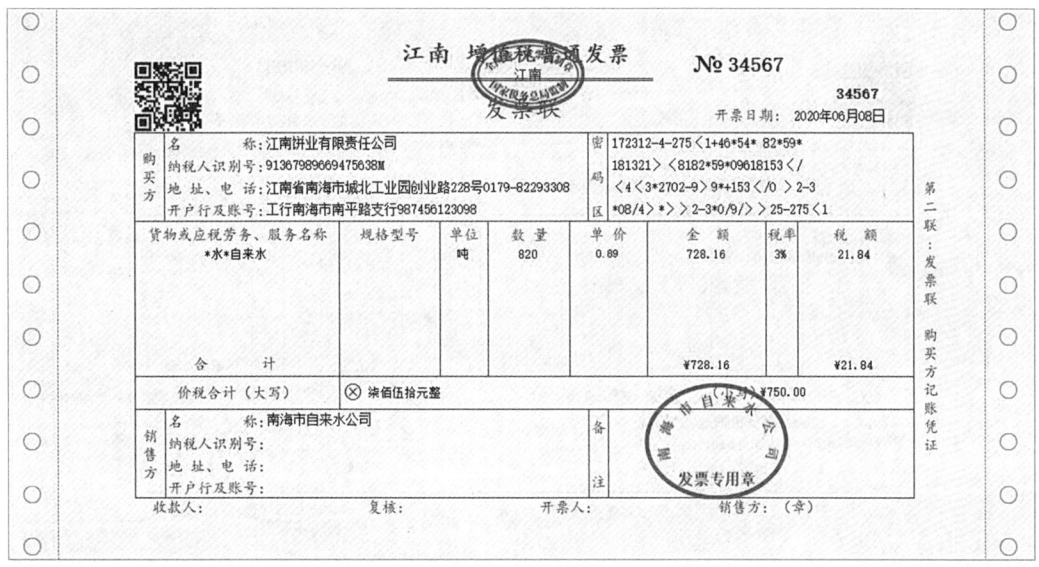

图 2-75　业务八(2)

9. 业务九(见图 2-76 至图 2-81)。

图 2-76　业务九(1)

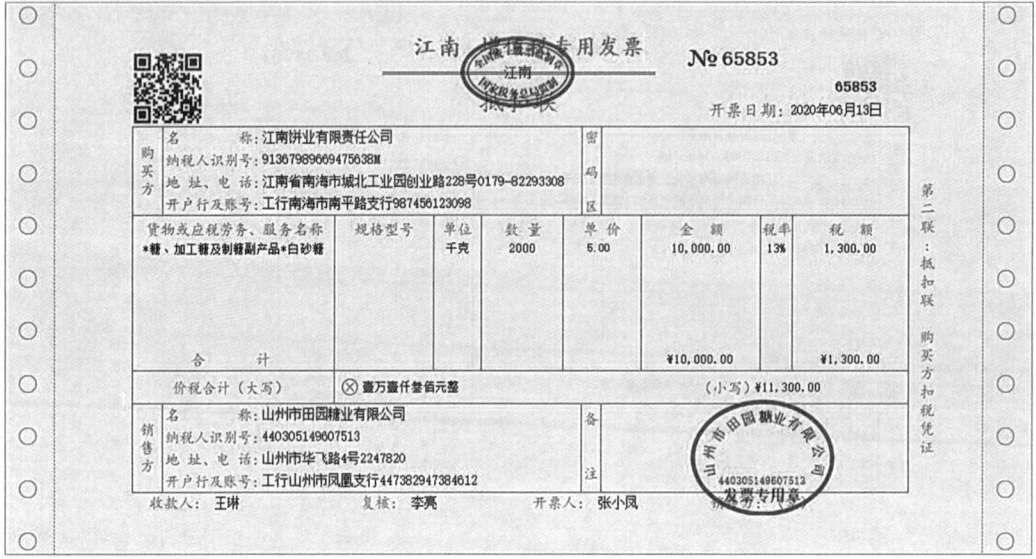

图 2-77　业务九(2)

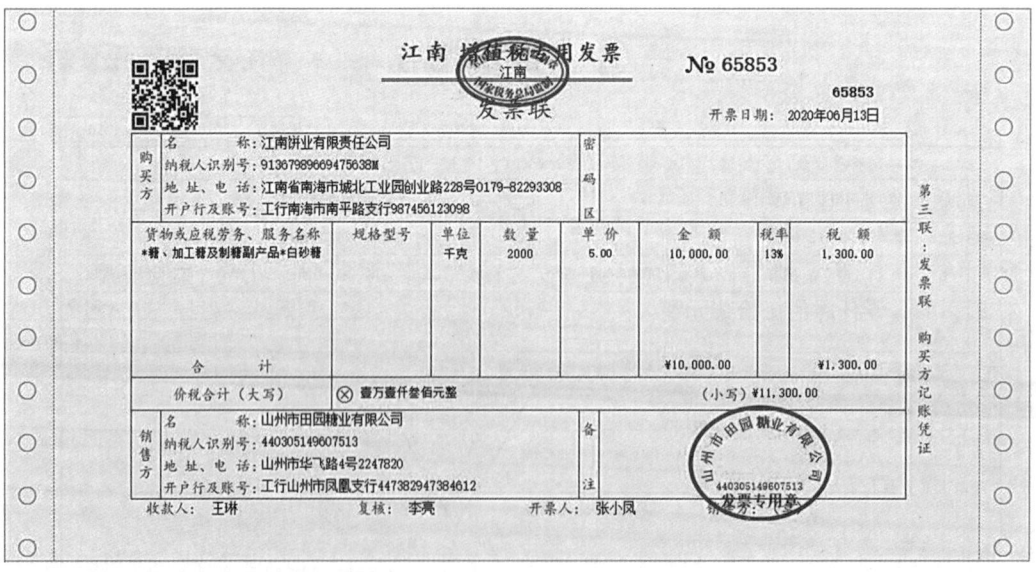

图 2-78　业务九(3)

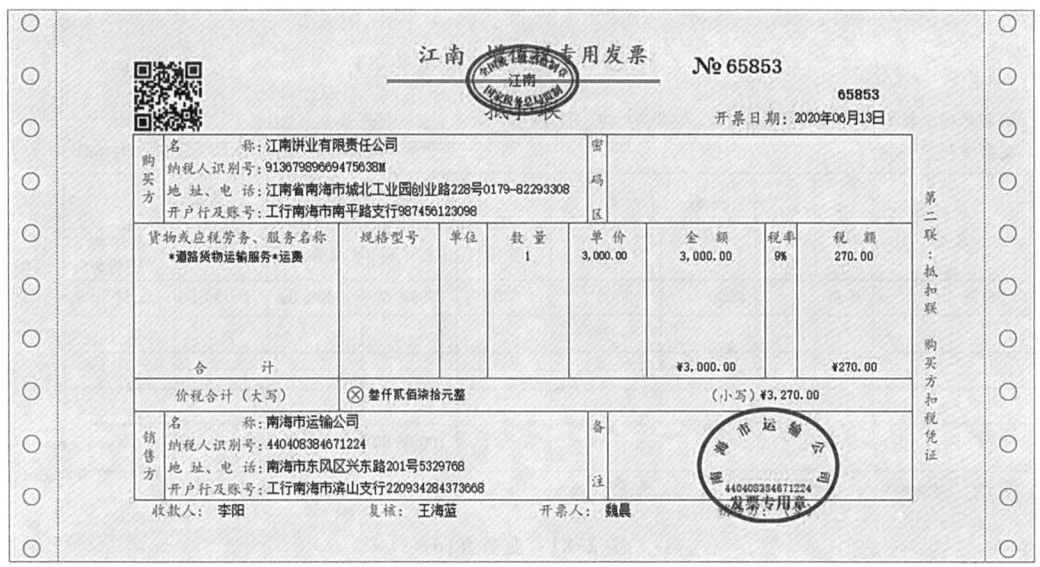

图 2-79　业务九(4)

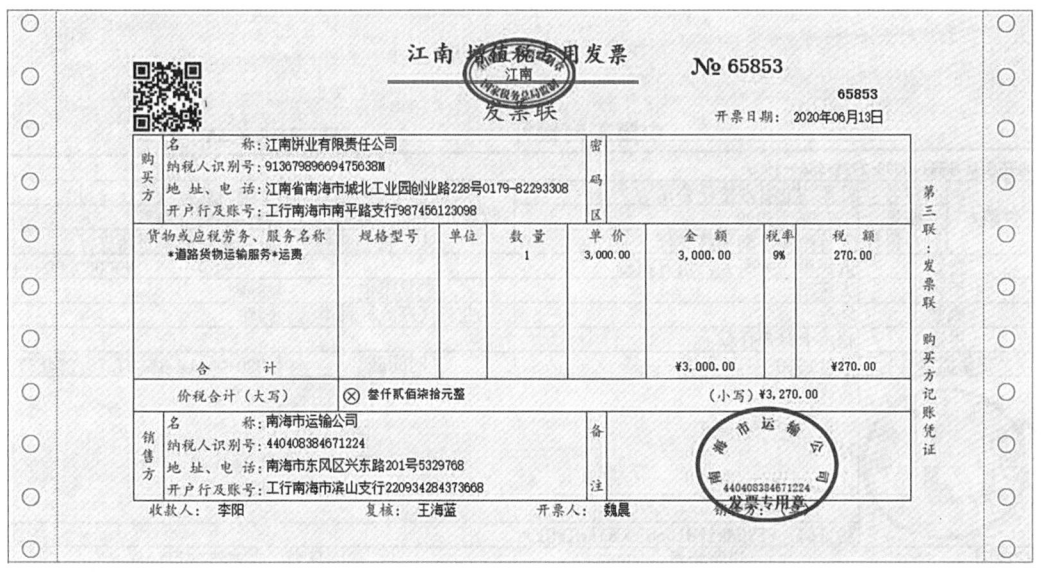

图 2-80　业务九(5)

材料入库单（记账凭单）

供货单位：北江市汇丰贸易有限公司　　2020 年 6 月 13 日　　材料类别：原材料　　编号：001
发票号码：34567　　　　　　　　　　　　　　　　　　　　　材料编号：01　　　　仓库：材料库

材料名称	计量单位	规格型号	数量		实际成本				实际单位成本
			应收	实收	单价	金额	运杂费	合计	
白糖	千克		2000	2000	5.00	10000.00	3000.00	13000.00	6.50
备注：					合计	10000.00		13000.00	6.50

采购：李伟洪　　　检验：陈秋　　　保管：张飞　　　主管：张平　　　财务：李云娜

②财务

图 2-81　业务九(6)

10. 业务十(见图 2-82)。

中国工商银行　　　　网上银行电子回单

电子回单号码：0008-2971-5466-1000

付款人	户名	江南饼业有限责任公司	收款人	户名	江南饼业有限责任公司
	账号	987456123098		账号	987456987123
	开户银行	工行南海市南平路支行		开户银行	工行南海市南平路支行
金额	人民币（大写）：伍万圆整				￥50000.00
币种	人民币		交易渠道	EBANK	
摘要	转账		业务（产品）种类	转账	
用途	信用卡账户存款				
交易流水号	71811560		时间戳	2020-06-14-15.37.76.234567	
	备注：				

（中国工商银行电子回单专用章）

验证码：rTYUAki7WI3cNI9CKiKwTgUi9=

记账网点：3098　　记账柜员：00067　　记账日期：2020年06月14日

打印日期：2020年06月14日

图 2-82　业务十

11. 业务十一（见图 2-83 至图 2-85）。

中国工商银行　　网上银行电子回单

电子回单号码：0008-2971-5466-1000

付款人	户名	江南饼业有限责任公司	收款人	户名	南海市小南国餐饮有限公司
	账号	987456987123		账号	987456321456987
	开户银行	工行南海市南平路支行		开户银行	工行南海市中山路支行
金额		人民币（大写）：叁仟陆佰圆整			¥3600.00
币种		人民币	交易渠道		EBANK
摘要		转账	业务（产品）种类		转账
用途		POS刷卡			
交易流水号		71811548	时间戳		2020-06-15-15.37.76.234567
备注					
验证码：rTYUAki7WI3cNI9CKiKwTgUi9=					
记账网点：3098		记账柜员：00067		记账日期：2020年06月15日	
				打印日期：2020年06月15日	

图 2-83　业务十一（1）

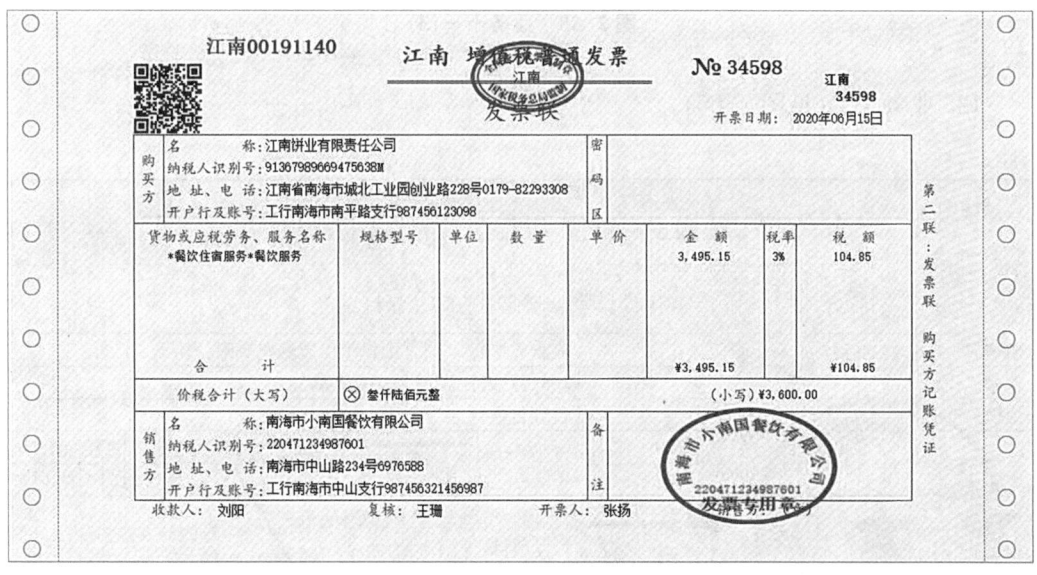

图 2-84　业务十一（2）

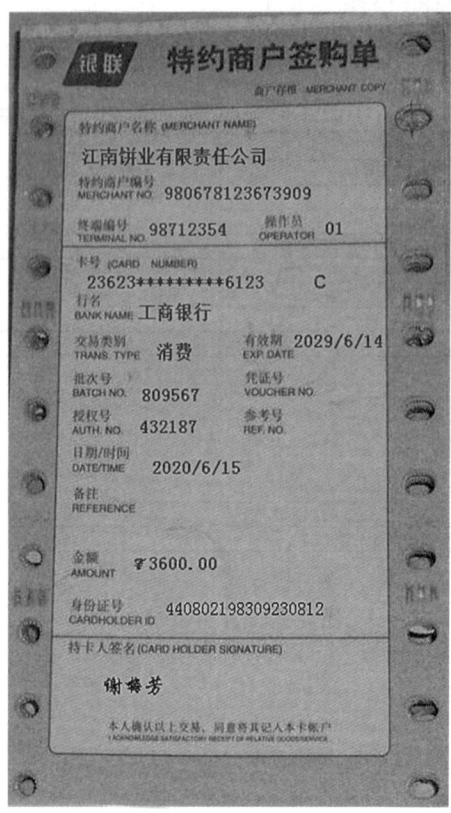

图 2-85　业务十一（3）

12. 业务十二（见图 2-86）。

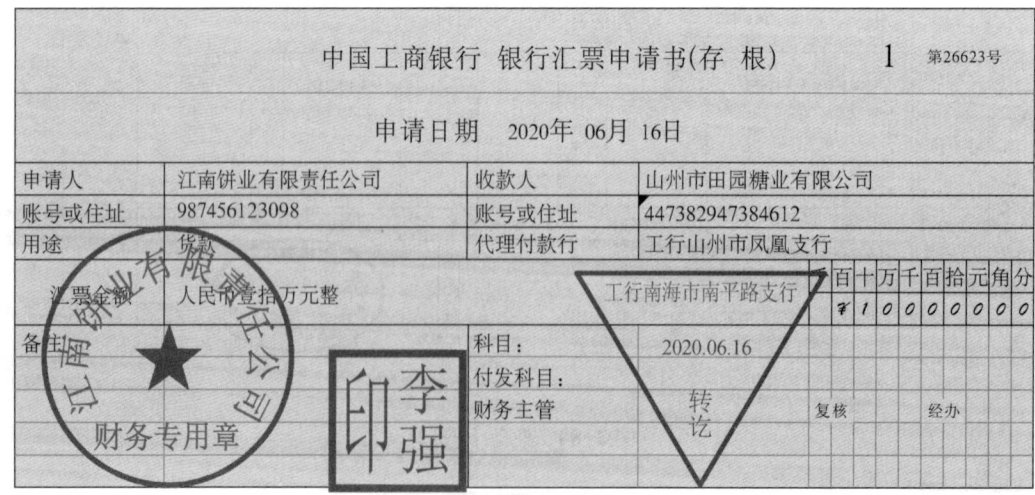

图 2-86　业务十二

13. 业务十三(见图 2-87 至图 2-90)。

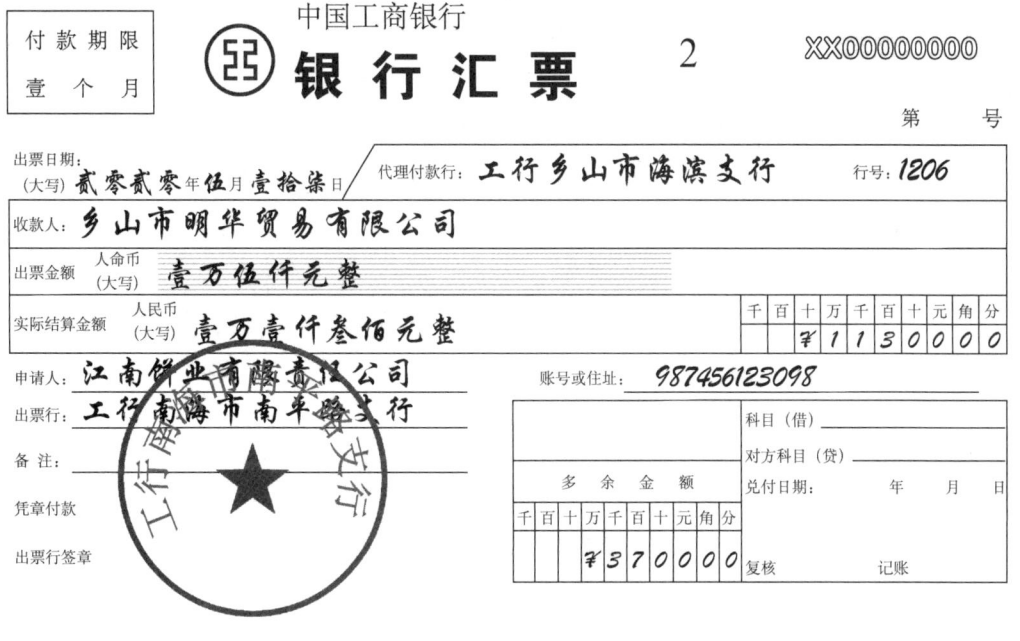

图 2-87　业务十三(1)

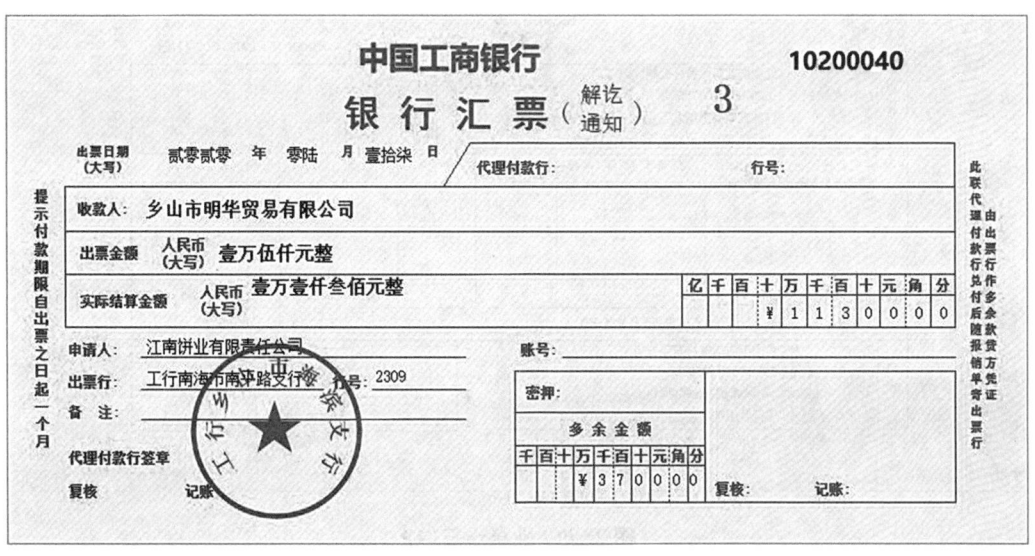

图 2-88　业务十三(2)

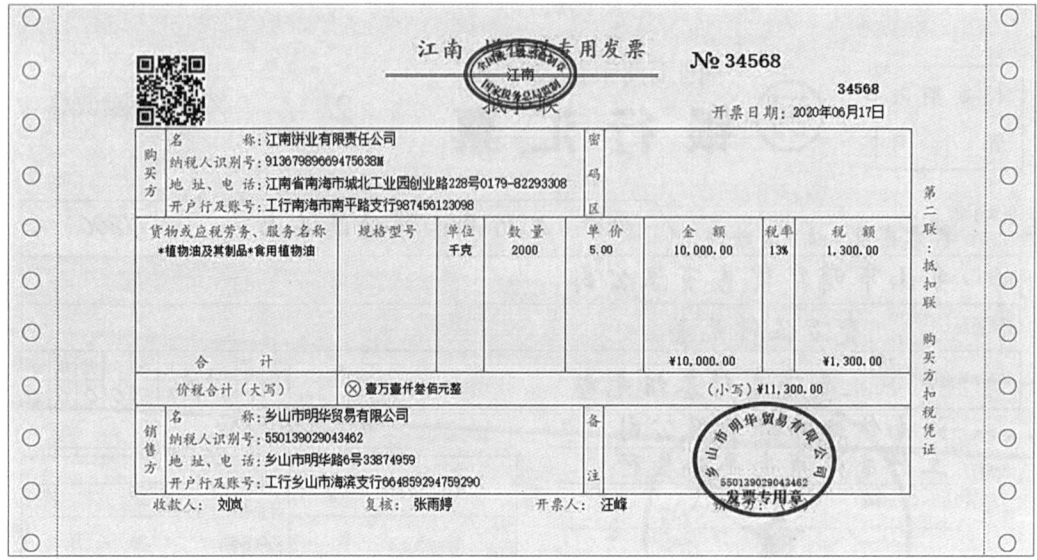

图 2-89　业务十三(3)

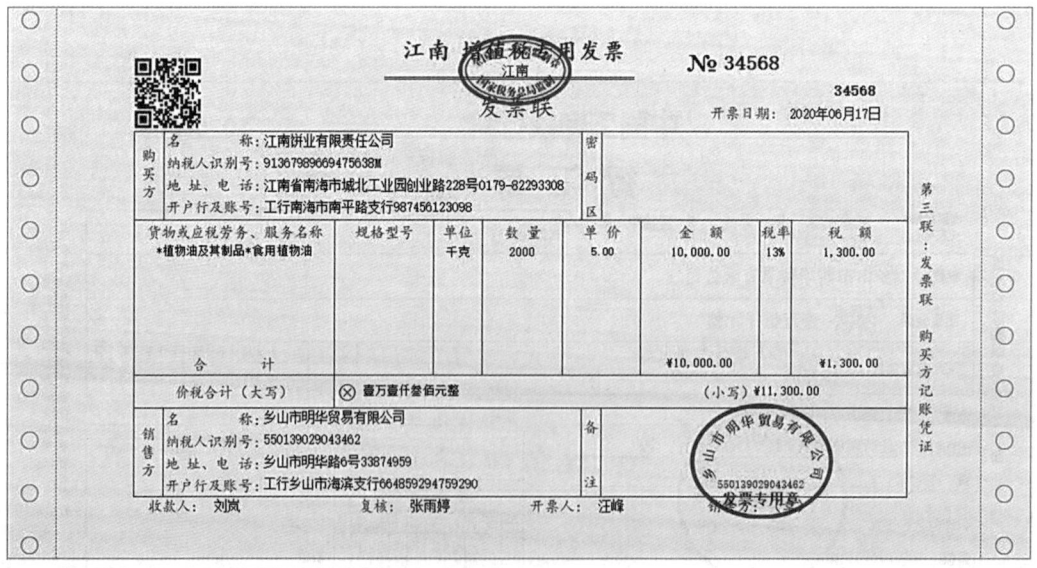

图 2-90　业务十三(4)

14. 业务十四(见图 2-91)。

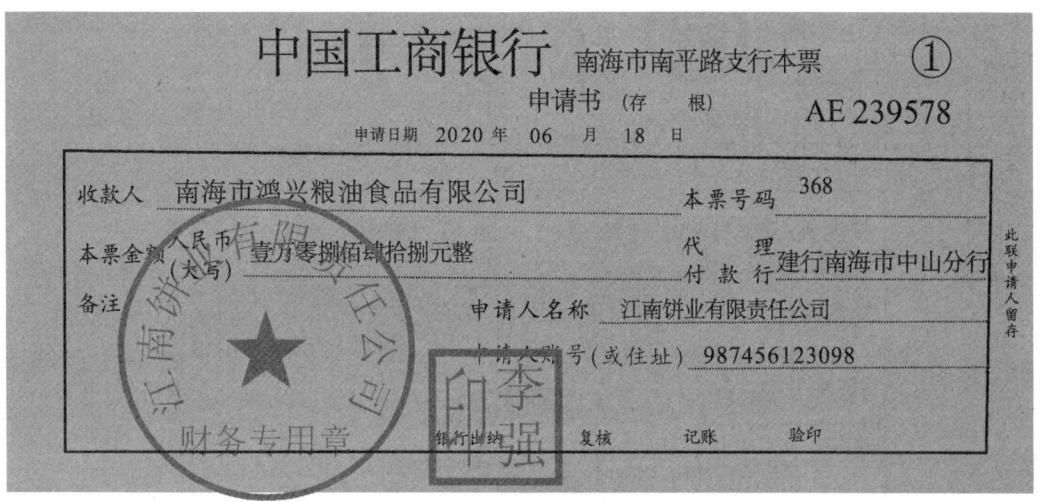

图 2-91　业务十四

15. 业务十五(见图 2-92 至图 2-95)。

图 2-92　业务十五(1)

图 2-93　业务十五(2)

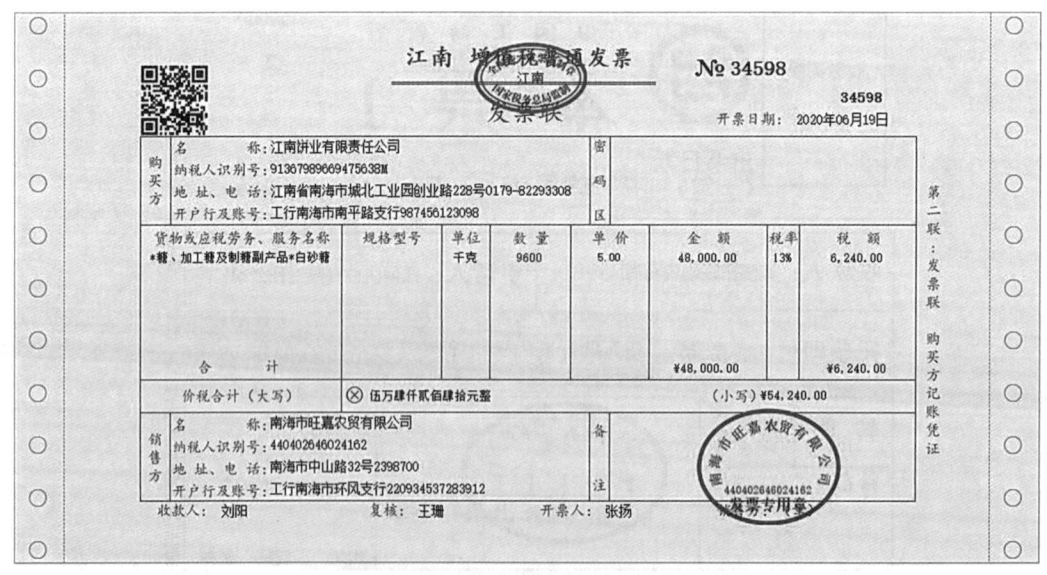

图 2-94　业务十五(3)

材 料 入 库 单 （记账凭单）

供货单位：北江市汇丰贸易有限公司　　2020 年 6 月 19 日　　　材料类别：原材料　　编号：001
发票号码：34567　　　　　　　　　　　　　　　　　　　　　　材料编号：01　　　　仓库：材料库

材料名称	计量单位	规格型号	数量		实 际 成 本				实际单位成本
			应收	实收	单价	金额	运杂费	合计	
白砂糖	千克		9600	9600	5.00	48000.00		48000.00	5.00
备注：					合计	48000.00		48000.00	5.00

采购：李伟洪　　　检验：陈秋　　　保管：张飞　　　主管：张平　　　财务：李云娜

② 财务

图 2-95　业务十五(4)

16. 业务十六（见图 2-96）。

中国工商银行　　　网上银行电子回单

电子回单号码：0008-2971-5466-1000

付款人	户名	江南饼业有限责任公司	收款人	户名	江南饼业有限责任公司
	账号	987456123098		账号	955856128930
	开户银行	工行南海市南平路支行		开户银行	中国工商银行上海支行
金额		人民币（大写）：肆万圆整			¥40000.00
币种		人民币	交易渠道		EBANK
摘要		转账	业务（产品）种类		转账
用途		异地采购专户			
交易流水号		71811560	时间戳		2020-06-20-15.37.76.234567
备注：					

验证码：rTYUAki7WI3cNI9CKiKwTgUi9=

记账网点：3098　　记账柜员：00067　　记账日期：2020年06月20日
　　　　　　　　　　　　　　　　　　　　打印日期：2020年06月20日

（中国工商银行 电子回单专用章）

图 2-96　业务十六

17. 业务十七（见图 2-97、图 2-98）。

图 2-97　业务十七(1)

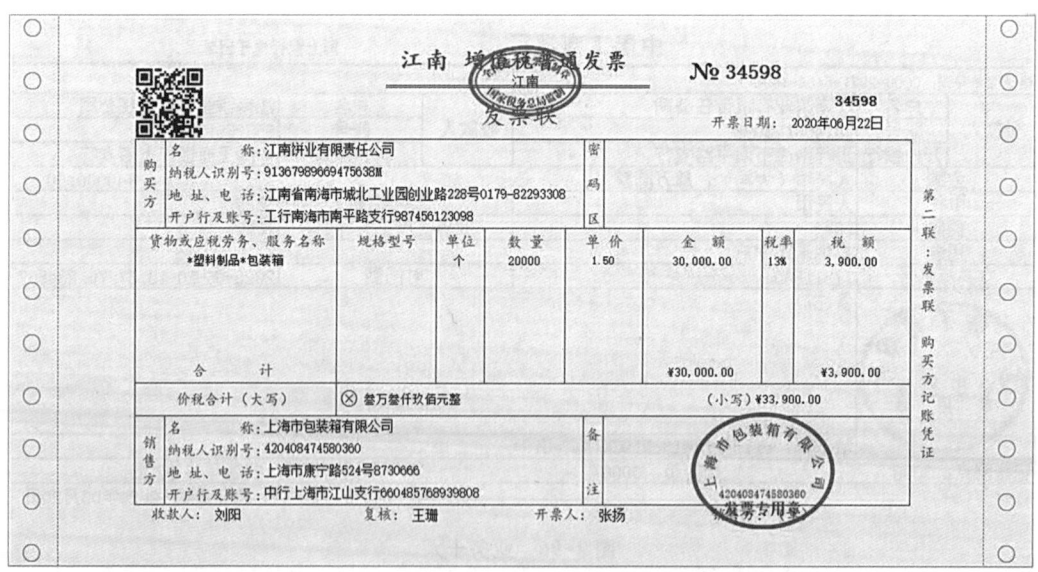

图 2-98　业务十七(2)

18. 业务十八(见图2-99)。

中国工商银行　网上银行电子回单

电子回单号码：0008-2971-5466-1000

付款人	户名	江南饼业有限责任公司	收款人	户名	江南饼业有限责任公司
	账号	987456123098		账号	624801396312520
	开户银行	工行南海市南平路支行		开户银行	工行南海胜利路支行
金额		人民币（大写）：陆万圆整			¥60000.00
币种		人民币	交易渠道		EBANK
摘要		转账	业务（产品）种类		转账
用途		证券投资专户			
交易流水号		71811560	时间戳		2020-06-23-15.37.76.234567
备注					

验证码：rTYUAki7WI3cNI9CKiKwTgUi9=

记账网点：3098　记账柜员：00067　记账日期：2020年06月23日

打印日期：2020年06月23日

图 2-99　业务十八

19. 业务十九(见图2-100)。

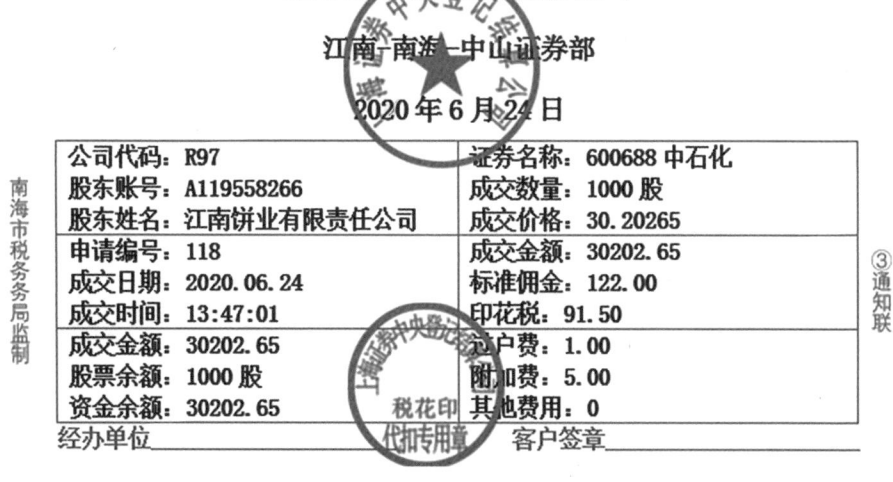

图 2-100　业务十九

20. 业务二十（见图 2-101 至图 2-102）。

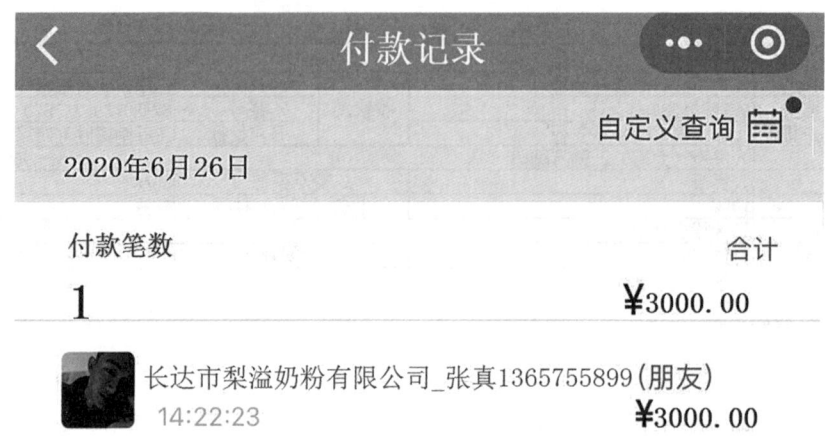

图 2-101　业务二十（1）

图 2-102　业务二十（2）

21. 业务二十一(见图 2-103 至图 2-106)。

＜ 付款记录

本月 ▼

 付款- 南海市运输公司　　　　-1090.00
支付运费
2020-06-28 15:36

仅展示近1年的记录，更多记录可通过选择时间查找

图 2-103　业务二十一(1)

中国工商银行　　　　网上银行电子回单

电子回单号码: 0008-2971-5466-1000

付款人	户名	江南饼业有限责任公司	收款人	户名	南海市运输公司
	账号	987456123098		账号	220934284373668
	开户银行	中国工商银行上海支行		开户银行	工行南海市滨山支行
金额		人民币(大写): 壹仟零玖拾元整			¥1090.00
币种		人民币	交易渠道		EBANK
摘要		转账	业务(产品)种类		转账
用途		支付销售货物的运费			
交易流水号		71811560	时间戳		2020-06-28-15.37.76.234567
	备注:				
	验证码: rTYUAki7WI3cNI9CKiKwTgUi9=				
记账网点: 3098		记账柜员: 00067		记账日期: 2020年06月28日	
				打印日期: 2020年06月28日	

(中国工商银行 电子回单专用章)

图 2-104　业务二十一(2)

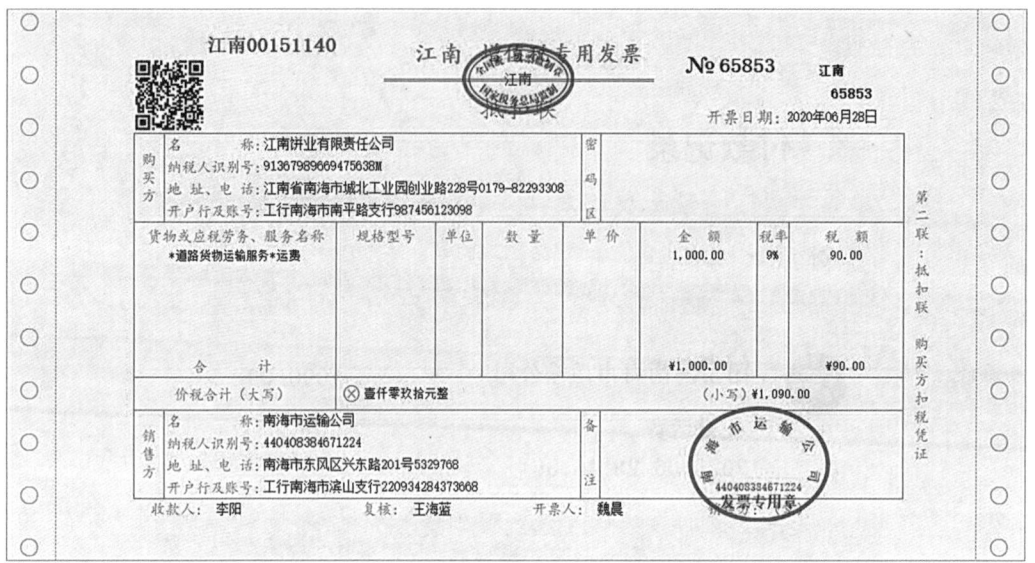

图 2-105　业务二十一(3)

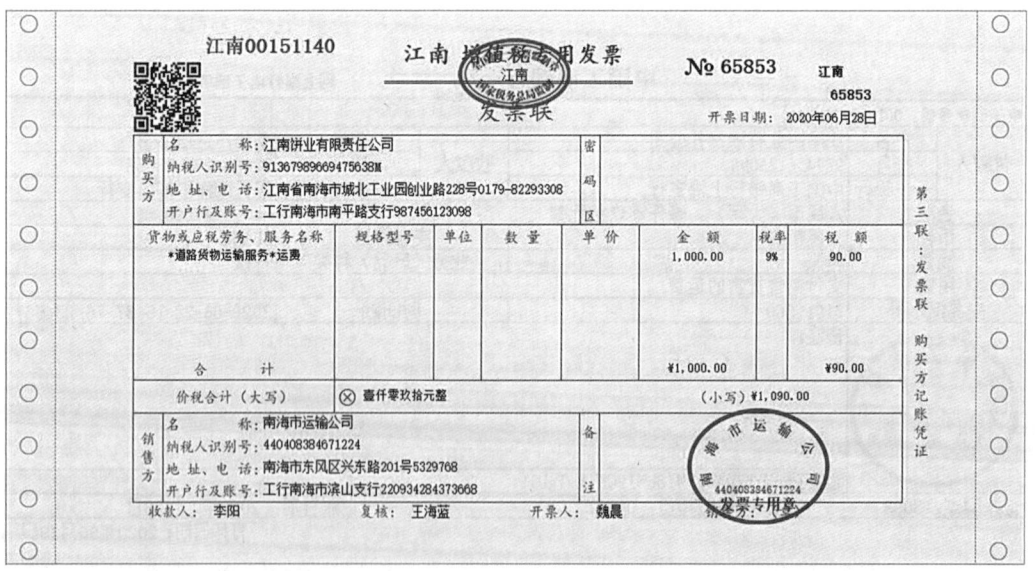

图 2-106　业务二十一(4)

表 2-12　业财融合表

业务	结算方式	票据处理	会计分录及附件
1	现金结算	借款单加盖_____章	
2	现金支票	申请支票时,应填写_____,支票填开后,正联加盖预留银行的_____和_____,背面填写_____信息。骑缝处裁开后,正联交_____提取现金,存根留_____,企业根据_____作为付款入账的原始凭证	
3	转账支票	正联加盖预留银行的_____和_____,背面_____。骑缝处裁开后,正联交_____付款,企业根据_____作为付款入账的原始凭证	
4		采用此结算方式,需向银行申请承兑,并支付承兑手续费	
5	商业承兑汇票	商业承兑汇票一式_____联,提示付款期_____天,正联交存_____后,_____(做或不做)为原始凭证的附件;本例中商业承兑汇票的承兑期为_____	
6		网上银行电子回单是实务中银行普遍采用的结算票据,本业务是发生_____	
7		采购货物时,买方取得增值税专用发票的_____联和_____联,_____作为买方原始凭证附件,本例主体企业江南饼业有限责任公司是_____方	
8		水电费结算一般采用该结算方式	
9		本例主体企业江南饼业有限责任公司是_____方,增值税专用发票_____联不作为买方原始凭证附件	
10		信用卡按照对象分为_____和_____,单位卡不得用于_____以上的交易	
11		POS刷卡时,企业凭银行转来的回单入账,POS单可不作为附件	
12		银行汇票申请书一式_____联,申请人凭_____做账	
13	银行汇票	银行汇票一式_____联,企业申请银行汇票后,银行将_____联和_____联交申请企业,申请企业实际结算时,填写_____后,将该_____转资金收款企业	
14		银行本票申请书一式_____联,申请人凭_____做账	
15		银行本票有定额和非定额两种,非定额本票一式_____联,企业申请银行本票后,银行将_____联交企业,申请企业实际结算时,将该联转资金收款企业	

(续表)

业务	结算方式	票据处理	会计分录及附件
16		_____是异地开设的临时采购账户	
17		本业务是使用_____专户进行采购	
18		存出投资款是进行_____时的专用账户	
19		本业务是使用_____进行投资	
20	微信	本业务是使用_____进行结算,需要发票时,可请求对方邮寄发票,微信付款单可不作为附件	
21	支付宝	本业务是使用_____进行结算,需要发票时,可请求对方邮寄发票,支付宝付款单可不作为附件	

四、各小组两两对应,一个填写货币资金收支业务单据,另一个审核,最后利用展示台展示结果,聆听教师点评。

1. 收款收据的填开。

资料:2020年6月2日,江南饼业有限责任公司向个人零星销售饼干,收到现金339元。

要求:

(1) 填开收据(见图2-107)。

(2) 收据加盖_____章。

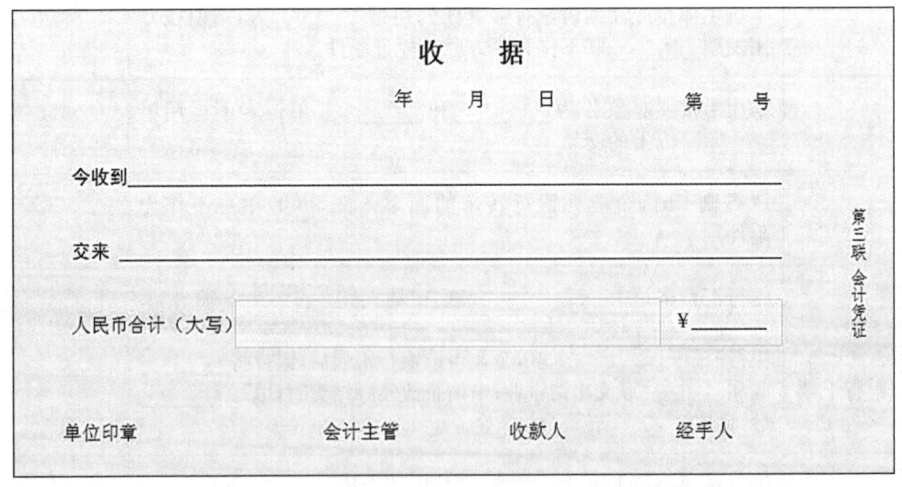

图2-107 收据

2. 现金支票的填开。

资料:2020年6月3日,江南饼业有限责任公司向银行提取备用金4 000元,开出现金支票一张。

要求：

(1) 填写支票申领单(见图 2-108)。

(2) 填开支票正面(见图 2-109)和背面(见图 2-110)。

(3) 支票加盖__________和__________印鉴。

支　票　申　领　单

年　　月　　日

____________需要借用支票______份，支票号码

____________，限用金额____________________

____________。

经手人______部门负责人________单位领导________

图 2-108　支票申领单

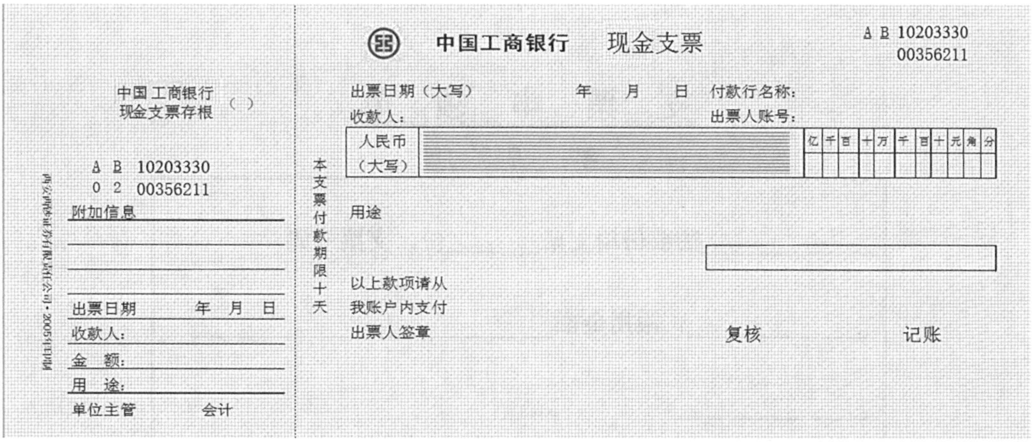
中国工商银行　现金支票　A B 10203330 00356211

出票日期（大写）　年　月　日　付款行名称：

收款人：　出票人账号：

人民币（大写）　亿 千 百 十 万 千 百 十 元 角 分

本支票付款期限十天

用途

以上款项请从我账户内支付

出票人签章　复核　记账

中国工商银行现金支票存根（ ）

A B 10203330

0 2 00356211

附加信息

出票日期　年　月　日

收款人：

金　额：

用　途：

单位主管　会计

图 2-109　支票正面

附加信息：	被背书人	被背书人	（贴粘单处）
	背书人签章 年 月 日	背书人签章 年 月 日	

图 2-110 支票背面

3. 转账支票的填开。

资料：2020 年 6 月 6 日，江南饼业有限责任公司向南海市旺嘉农贸有限公司采购食用植物油一批，全部货款 56 500 元，向对方开出转账支票一张付款。

要求：

(1) 填写支票申领单(见图 2-111)。

(2) 填开支票正面(见图 2-112)和背面(见图 2-113)。

(3) 支票加盖__________和__________印鉴。

支 票 申 领 单

年 月 日

__________需要借用支票______份，支票号码

__________，限用金额____________________

__________。

经手人______ 部门负责人______ 单位领导______

图 2-111 支票申领单

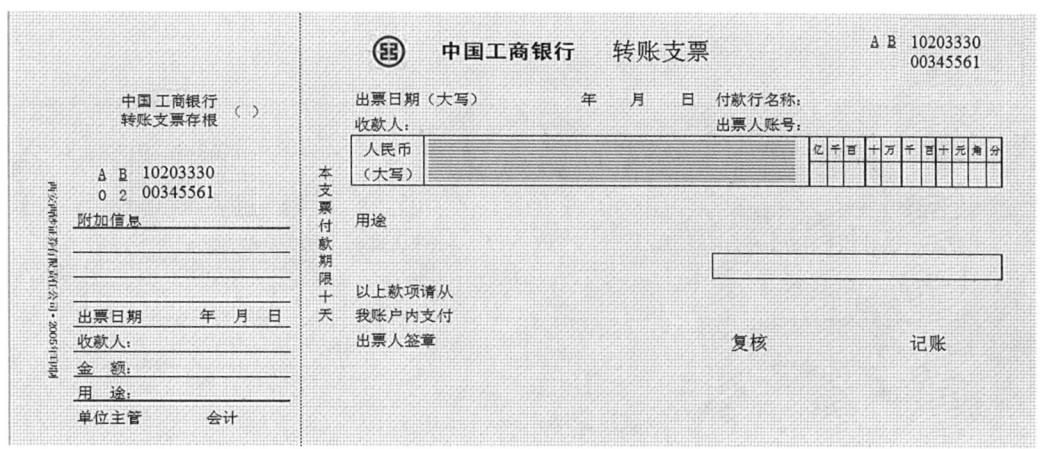

图 2-112 支票正面

图 2-113 支票背面

4. 进账单的填开。

资料：江南饼业有限责任公司收到支票，如图 2-114 所示。

要求：

(1) 填写支票背面(见图 2-115)。

(2) 支票背面加盖_____和_____印鉴。

(3) 填写进账单(见图 2-116)。

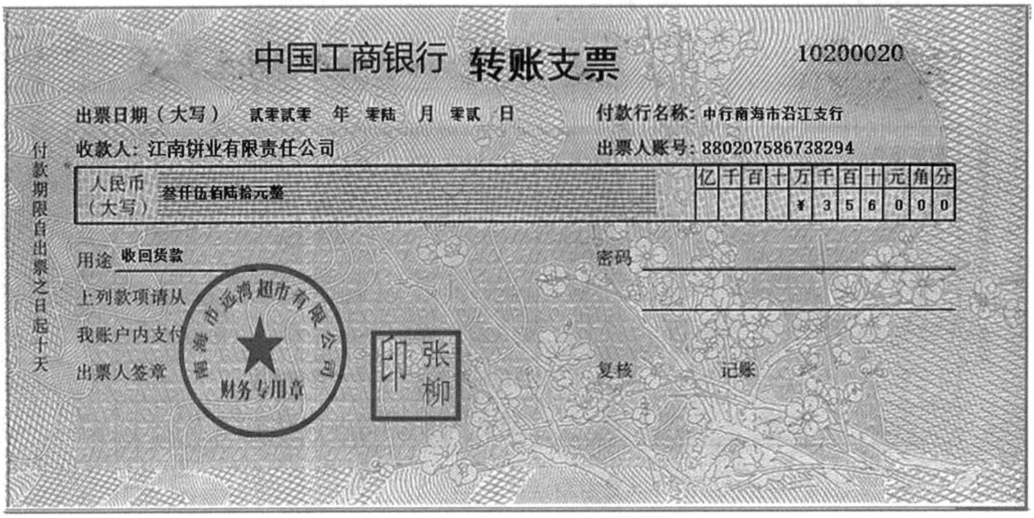
中国工商银行 转账支票 10200020

出票日期（大写） 贰零贰零 年 零陆 月 零贰 日 付款行名称：中行南海市沿江支行

收款人：江南饼业有限责任公司 出票人账号：880207586738294

付款期限自出票之日起十天

人民币（大写）	亿	千	百	十	万	千	百	十	元	角	分
叁仟伍佰陆拾元整					¥	3	5	6	0	0	0

用途 收回货款 密码

上列款项请从

我账户内支付

出票人签章 南海市远湾超市有限公司 财务专用章 张柳 印 复核 记账

图 2-114 支票

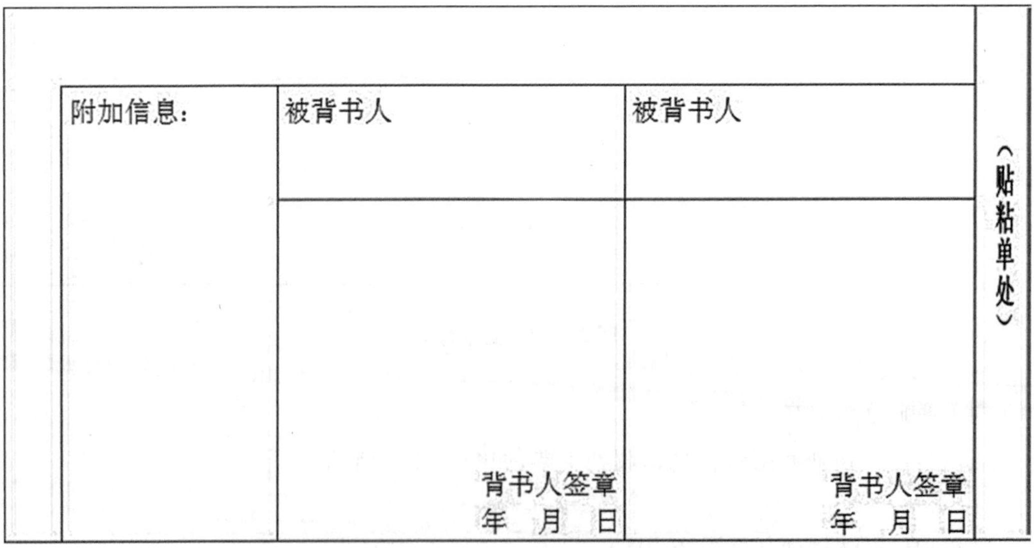
附加信息：	被背书人	被背书人
	背书人签章 年 月 日	背书人签章 年 月 日

（贴粘单处）

图 2-115 支票背面

中国工商银行进账单(回单) 1

年 月 日

出票人	全 称		收款人	全 称	
	账 号			账 号	
	开户银行			开户银行	
金额	人民币(大写)		亿千百十万千百十元角分		
票据种类		票据张数			
票据号码					
	复核 记账			开户银行签章	

此联是开户银行交给持票人的回单

图 2-116 进账单

5. 银行汇票申请书。

资料:2020年6月10日,江南饼业有限责任公司向银行申请汇票一张,用于支付北江市汇丰贸易有限公司的货款33 900元。

要求:

(1) 填制银行汇票申请书(见图2-117)。

(2) 汇票申请书一式_____联,企业凭_____联记账。

中国工商银行 银行汇票申请书(存根) 1 第25623号

申请日期 年 月 日

申 请 人		收 款 人	
账号或住址		账号或住址	
用途		代理付款行	
汇票金额		千百十万千百拾元角分	
备注		科目:	
		对方科目	
		财务主管 复核 经办	

图 2-117 银行汇票申请书

6. 银行本票申请书。

资料:2020年6月12日,江南饼业有限责任公司向银行申请本票一张,用于支付南海市洋洋服装厂工作服款30 000元。

要求:

(1) 填制银行本票申请书(见图 2-118)。

(2) 本票申请书一式_____联。

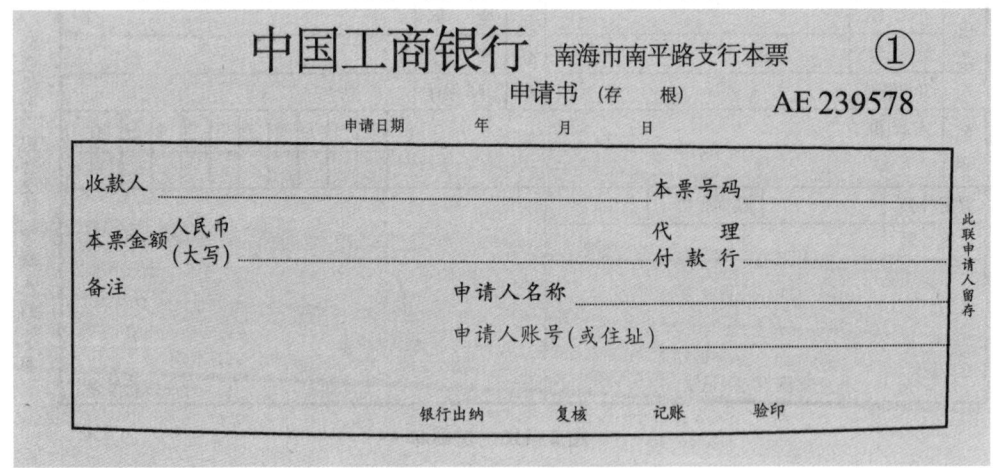

图 2-118　银行本票申请书

7. 商业承兑汇票的填开。

资料：2020 年 6 月 14 日，江南饼业有限责任公司向长达市梨溢奶粉有限公司(税号：440115472874869；开户行：工行长达市龙燕分行；账号：224875768398590；地址：长达市金湾区梨溢工业区 25 号；8392020)采购奶粉一批，全部货款 45 200 元，向对方开出商业承兑汇票一张。

(1) 填制商业承兑汇票(见图 2-119)。

(2) 出票人加盖_____和_____印鉴。

图 2-119　商业承兑汇票

8. 银行承兑汇票的填开。

资料：2020 年 6 月 16 日，江南饼业有限责任公司向山州市田园糖业有限公司（税号：440305149607513；开户行：工行山州市凤凰支行；账号：447382947384612；地址：山州市华飞路 4 号；2247820）采购白糖一批，全部货款 33 900 元，向对方开出银行承兑汇票一张。

要求：

(1) 填制银行承兑汇票（见图 2-120）。

(2) 出票人加盖________和________印鉴。

(3) 若银行承兑手续费为千分之一，请填写手续费计算单（见图 2-121）。

银行承兑汇票　2　　　　IX IV 0321348

（大写）签发日期

<table>
<tr><td rowspan="3">付款人</td><td>全称</td><td></td><td rowspan="3">收款人</td><td>全称</td><td colspan="10"></td></tr>
<tr><td>账号</td><td></td><td>账号</td><td colspan="10"></td></tr>
<tr><td>开户银行</td><td></td><td>开户银行</td><td colspan="10"></td></tr>
<tr><td rowspan="2">汇票金额</td><td colspan="4" rowspan="2">人民币（大写）</td><td>千</td><td>百</td><td>十</td><td>万</td><td>千</td><td>佰</td><td>拾</td><td>元</td><td>角</td><td>分</td></tr>
<tr><td></td><td></td><td></td><td></td><td></td><td></td><td></td><td></td><td></td><td></td></tr>
<tr><td colspan="2">汇票到期日（大写）</td><td></td><td rowspan="2">付款人开户行</td><td>行号</td><td colspan="10"></td></tr>
<tr><td colspan="2">承兑协议编号</td><td></td><td>地址</td><td colspan="10"></td></tr>
<tr><td colspan="3">本汇票请你行承兑，到期日无条件付款。

出票人签章</td><td colspan="2">本汇票已经承兑，到期日由本行付款。
承兑银行签章
承兑日期　年　月　日
备注：</td><td colspan="10">复核　　记账</td></tr>
</table>

图 2-120　银行承兑汇票

中国工商银行 收费凭条

图 2-121 收费凭条

9. 托收单的填开。

资料：江南饼业有限责任公司销售饼干一批，增值税专用发票 2 张，金额 5 650 元，运费发票 2 张，金额 327 元，货物已发运，现办理托收承付手续。

要求：

(1) 填写一式五联的托收凭证（见图 2-122 至图 2-126）。

(2) _____ 需要填写托收单，办妥托收手续时，收款方企业取得_____联，款项收妥进账后，取得_____联；银行通知付款方企业付款时，取得_____联。

图 2-122 托收凭证——第一联

托收凭证（贷方凭证） 2

委托日期　　年　月　日

业务类型	委托收款	邮划	电划		托收承付	邮划	电划	
付款人	全称				收款人	全称		
	账号					账号		
	地址	省　　市　　开户行				地址	省　　市　　开户行	
金额	人民币（大写）					亿千百十万千百十元角分		
款项内容			托收凭据名称			附寄单证张数		
商品发运情况					合同名称号码			
备注								
付款人开户银行收到日期　　年　月　日				付款人开户银行签章				
复核　　　　记账						年　月　日		

此联作收款人开户银行作贷方凭证

图 2-123　托收凭证—第二联

托收凭证（贷方凭证） 3

委托日期　　年　月　日

业务类型	委托收款	邮划	电划		托收承付	邮划	电划	
付款人	全称				收款人	全称		
	账号					账号		
	地址	省　　市　　开户行				地址	省　　市　　开户行	
金额	人民币（大写）					亿千百十万千百十元角分		
款项内容			托收凭据名称			附寄单证张数		
商品发运情况					合同名称号码			
备注								
付款人开户银行收到日期　　年　月　日				付款人开户银行签章				
复核　　　　记账						年　月　日		

此联作付款人开户银行作借方凭证

图 2-124　托收凭证—第三联

托收凭证（汇款依据或收款通知） 4

图 2-125 托收凭证—第四联

托收凭证（付款通知） 5

图 2-126 托收凭证

10. 差旅费等借款单的填开。

资料：销售业务员陈四海出差，于 2020 年 6 月 12 日借支差旅费 2 500 元。

(1) 填写借款单（见图 2-127）。

(2) 若以现金支付，借款单加盖_____章。

借 款 单
年　月　日

借款单位：			
借款理由：			
借款数额：人民币(大写)		¥_____	
本单位负责人意见：		借款人：	
会计主管核批：	付款方式：	出纳：	

图 2-127　借款单

11. 差旅费报销单的填开。

资料：陈四海出差回来，2020 年 6 月 15 日从南海市出发，6 月 22 日返回。火车卧铺往返，途中 9 小时到达。远程交通超过 6 小时，每天补助 60 元，每天伙食补助 100 元；市内交通补助 80 元，住宿费标准 368 元/天，节约时每天返还 60%，超支时按照标准报销。

销售主管：王伟，单据由财务主管审核。

要求：

(1) 计算陈四海差旅费报销金额。

(2) 填写差旅费报销单(见图 2-128)。

差旅费报销单

部门：专设销售机构　　　　　　　　　　　　　　　　　　　　　年　月　日

姓名	陈四海	事由：销售业务出差											
起讫日期	起止地点	车船费		夜间乘车补助			出差补助			住宿费		其他	
		种类	金额	时间	标准	金额	天数	标准	金额	标准	金额	事项	金额
小计													

总计金额（大写）　　　　　¥_____　　预借_____　核销_____　退补_____

会计主管：　　　单位负责人：　　　审核：　　　业务经办人：

图 2-128　差旅费报销单

(因裁剪需要,本页留白)

(3) 网络搜寻在现行税制下火车票进项税额的抵扣政策。

(4) 将火车票(见图2-129和图2-130)和住宿发票(见图2-131)粘贴在单据粘贴单(见图2-132)上。

图2-129 火车票(往)

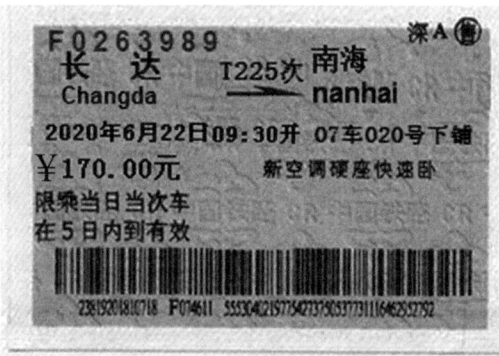

图2-130 火车票(返)

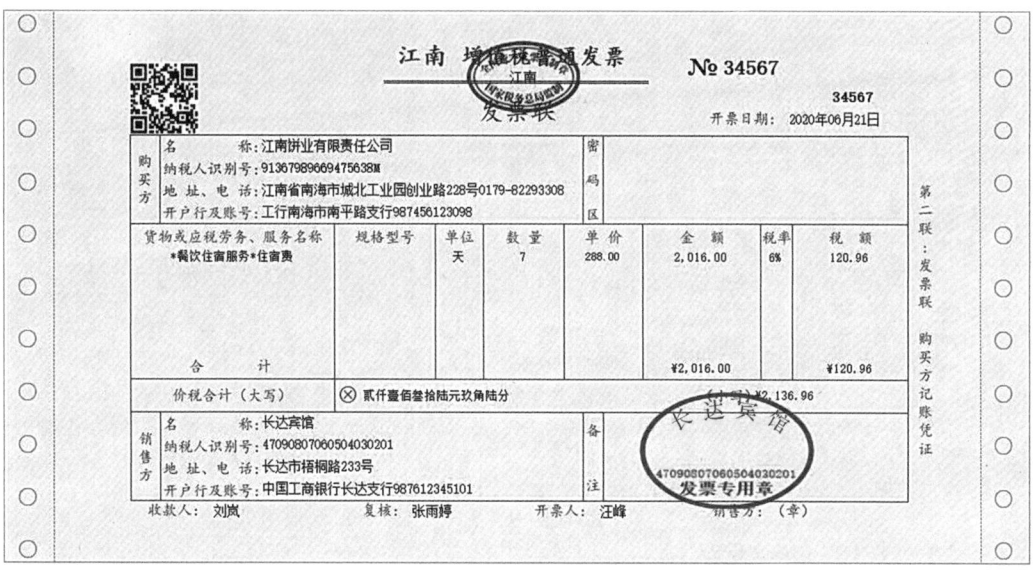

图2-131 住宿发票

图 2-132　单据粘贴单

五、归纳填制和审核货币资金业务单据的要点,随机抽取小组代表展示结果,聆听教师点评。

1. 单据内容:_____。
2. 填制要点:_____
_____
_____
_____。
3. 审核要点及审核有误单据的处理:_____
_____
_____。
4. 审核后的处理:_____
_____
_____。

六、活动评价与反馈。

请根据活动情况据实填写表 2-13。

表 2-13　学习活动考核评价表

学习活动名称：<u>货币资金收支业务单据的填制和审核</u>

班级：　　　　学号：　　　　姓名：　　　　指导教师：

评价项目	评价标准	评价依据（信息、佐证）	评价方式			权重	得分小计	总分
			自我评价	小组评价	教师(企业)评价			
			10%	20%	70%			
关键能力	1. 能严格遵守资料查阅要求，服从企业工作安排 2. 能参与小组讨论，相互交流 3. 能积极主动、勤学好问 4. 能清晰、准确表达	1. 课堂实践表现 2. 工作页填写				40%		
专业能力	1. 能正确填写货币资金业务单据 2. 能正确审核货币资金业务单据	1. 课堂实践表现 2. 工作页填写				60%		
指导教师综合评价	指导教师签名：				日期：			

学习活动四　货币资金收支业务单据填制和审核的控制与接受考核

【学习目标】

根据货币资金业务单据填制和审核填写小组总结，撰写总结报告并编制 PPT。

【建议学时】

4 学时

一、小组成员分别撰写总结报告，包含完成的业务内容、收获、经验和不足等，再将总结交给组长，由组长编写小组汇报 PPT，每小组对本组情况进行一一汇报。

二、活动评价与反馈。

请根据活动情况据实填写表 2-14。

表 2-14 学习活动考核评价表

学习活动名称：<u>货币资金业务单据填制和审核的控制与接受考核</u>

班级：		学号：	姓名：	指导教师：					
评价项目	评价标准		评价依据（信息、佐证）	评价方式			权重	得分小计	总分
				自我评价	小组评价	教师（企业）评价			
				10%	20%	70%			
关键能力	1. 能严格遵守资料查阅要求，服从企业工作安排 2. 能参与小组讨论，相互交流 3. 能积极主动、勤学好问 4. 能清晰、准确表达		1. 课堂实践表现 2. 工作页填写				40%		
专业能力	1. 总结报告书写规范，内容完整 2. PPT 条理清晰，美观大方		1. 课堂实践表现 2. PPT				60%		
指导教师综合评价	指导教师签名：			日期：					

学习任务三 货币资金日常收支业务的核算

【学习情境】

经过前期的顶岗实习,同学们已经顺利完成了货币资金业务单据的填制与审核。现在,财务经理又给大家安排了新的任务,要求大家对公司涉及货币资金业务的原始凭证进行审核,根据审核无误的原始凭证填制记账凭证,并在审核之后,进行分类整理。

【学习目标】

1. 复述货币资金的种类和内容。
2. 从教师提供的信息页中找出原始凭证审核的要点,并能够根据公司提供的原始凭证,找出原始凭证的错漏之处。
3. 根据经济业务的性质,能够正确编制记账凭证。
4. 通过网络,找出记账凭证审核要点,并能够发现所填制的记账凭证的错漏之处。
5. 根据记账凭证整理要求,能够正确整理记账凭证。

【基准学时】

20学时

【教学耗材】

通用记账凭证50张

学习活动一 归纳货币资金典型业务

【学习目标】

1. 复述货币资金种类和内容。
2. 通过阅读信息页,完成库存现金典型业务,银行存款典型业务,其他货币资金典型业务归纳。

【建议学时】

8学时

一、阅读下面关于货币资金的信息页,在信息页中找出货币资金定义和种类的关键词,小组长汇总关键词并张贴在白板上。

> 货币形态表现的资金。货币资金是指可以立即投入流通,用以购买商品或劳务,或用以偿还债务的交换媒介。货币资金是资产负债表的一个流动资产项目,包括库存现金、银行存款和其他货币资金三个总账账户的期末余额,具有专门用途的货币资金不包括在内。货币资金是指在企业生产经营过程中处于货币形态的那部分资金,按其形态和用途不同可分为包括库存现金、银行存款和其他货币资金。它是企业中最活跃的资金,流动性强,是企业的重要支付手段和流通手段,因而是流动资产的审查重点。其他货币资金包括外埠存款、银行汇票存款、银行本票存款、信用证保证金存款、信用卡存款、存出投资款等。

二、派2名学生代表分别对白板上的信息进行归纳,总结出货币资金的定义和种类,老师做出点评,写出货币资金的定义和种类。

1. 货币资金定义

_____

2. 货币资金种类

3. 其他货币资金种类

三、库存现金典型业务归纳。

1. 分组查阅《财务会计》教材或百度搜索库存现金业务,完成以下任务。
(1)"库存现金"账户的性质_____。
   A. 资产类　　　B. 负债类　　　C. 所有者权益类
(2)库存现金的核算内容有_____。
(3)"库存现金"账户根据_____设置明细账。
(4)将库存现金典型业务的会计处理填在表3-1中。

表 3-1　库存现金典型业务的会计处理

（一）库存现金收入业务	（二）库存现金支出业务
1. 摘要：提现 分录：	1. 摘要：存现 分录：
2. 摘要：零星销售商品 分录：	2. 摘要：借支差旅费 分录：
3. 摘要：销售废旧物资 分录：	3. 摘要：发放工资 分录：
4. 摘要：盘盈现金 分录：	4. 摘要：收购农副产品 分录：
5. 摘要：盘亏现金 分录：	

四、银行存款业务典型业务归纳。

1. 分组查阅《财务会计》教材或百度搜索银行存款业务，完成以下任务。

(1) "银行存款"账户的性质_____。

(2) "银行存款"账户的结构，借方登记_____，贷方登记_____，余额在_____方。

(3) "银行存款"账户可以根据_____设置明细账。

(4) 分组将银行存款典型业务的会计处理填在表 3-2 中。

表 3-2　银行存款典型业务的会计处理

结算方式	（一）银行存款收入业务	（二）银行存款支出业务
现金支票		1. 摘要：提现 分录
转账支票	1. 摘要：销售商品，收到转账支票 分录：	2. 摘要：购买材料，签发转账支票 分录：

(续表)

结算方式	(一)银行存款收入业务	(二)银行存款支出业务
银行汇票	2. 摘要:销售材料,收到银行汇票 分录:	
银行本票	3. 摘要:提供加工服务,收到银行本票 分录:	
汇兑	4. 摘要:收到前欠货款,信汇结算 分录:	3. 摘要:偿还前欠货款,电汇支付 分录:
信用卡	5. 摘要:收到罚款,信用卡结算 分录:	4. 摘要:信用卡支付,购买办公用品 分录:
委托收款	6. 摘要:发出商品,办妥托收手续 分录: 7. 摘要:收到银行的收款通知单 分录:	5. 摘要:委托收款结算方式下付款人的会计处理 分录: 6. 摘要:收到银行的付款通知单 分录:
网银	8. 摘要:收到投资,网银转账 分录:	7. 摘要:网银支付罚款 分录:

五、其他货币资金典型业务归纳。

1. 通过网络搜索,整理出其他货币资金的核算内容,并完成下列有关任务。

(1) 企业增加其他货币资金,借记_____账户,贷记_____账户;减少其他货币资金,借记有关账户,贷记_____账户。"其他货币资金"账户期末_____方余额,反映企业持有的其他货币资金。

(2) 其他货币资金可按银行汇票或本票、信用证的收款单位，外埠存款的开户银行，分别设置＿＿＿＿、＿＿＿＿、＿＿＿＿、＿＿＿＿、＿＿＿＿等明细科目。

(3) 将银行汇票存款的会计处理填在表 3-3 中。

表 3-3　银行汇票存款的会计处理

业务	分录
1. 申请	
2. 持汇票采购	
3. 退回多余款	

(4) 外埠存款。外埠存款是指企业到外地进行临时或零星采购时，汇往采购地银行并开立采购专户的款项。采购资金存款不计利息，除采购员差旅费可以支取少量库存现金外，一律转账。采购专户只付不收，付完结束账户。

① 企业将款项委托当地银行汇往采购地开立专户时：

借：＿＿＿＿＿＿
　　贷：＿＿＿＿＿＿

② 企业收到采购员交来发票账单等报销凭证时：

借：材料采购（或原材料/在途物资）
　　应交税费——应交增值税（进项税额）
　　贷：＿＿＿＿＿＿

③ 采购地银行将多余款项转回当地银行结算户时：

借：＿＿＿＿＿＿
　　贷：＿＿＿＿＿＿

(5) 存出投资款是指企业已存入证券公司但尚未进行短期投资的现金

① 存出投资款时：

借：＿＿＿＿＿＿
　　贷：＿＿＿＿＿＿

② 用存出投资款购入金融资产时：

借：交易性金融资产
　　贷：＿＿＿＿＿＿

六、活动评价与反馈。

请根据活动情况据实填写表 3-4。

表 3-4 学习活动考核评价表

学习活动名称：<u>归纳货币资金典型业务</u>

班级：		学号：	姓名：	指导教师：					
评价项目	评价标准		评价依据（信息、佐证）	评价方式			权重	得分小计	总分
				自我评价	小组评价	教师(企业)评价			
				10%	20%	70%			
关键能力	1. 能严格遵守资料查阅要求，服从企业工作安排 2. 能参与小组讨论，相互交流 3. 能积极主动、勤学好问 4. 能清晰、准确表达		1. 课堂实践表现 2. 工作页填写				40%		
专业能力	全面归纳货币资金典型业务		1. 课堂实践表现 2. 工作页填写				60%		
指导教师综合评价	指导教师签名：					日期：			

学习活动二　填制并审核货币资金收支业务相关的记账凭证

【学习目标】

1. 完成货币资金账务工作流程图。
2. 审核货币资金业务原始凭证。
3. 能够正确填制记账凭证。
4. 能够正确审核记账凭证。
5. 整理记账凭证。

【建议学时】

8 学时

一、货币资金账务工作流程图

认真观看学生代表的角色扮演和情景对话，完成货币资金账务工作流程图（见图3-1）。

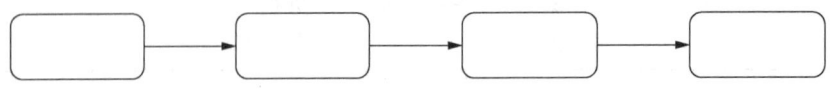

图 3-1　货币资金账务工作流程图

二、审核货币资金业务原始凭证

1. 认真观看视频，将原始凭证审核要点填于下列横线上：

_____

2. 仔细审核下列原始凭证（见图 3-2 至图 3-4），如果有错误，请标出错误之处，并按照银行单据填写要求和原始凭证审核要求进行相应的处理。

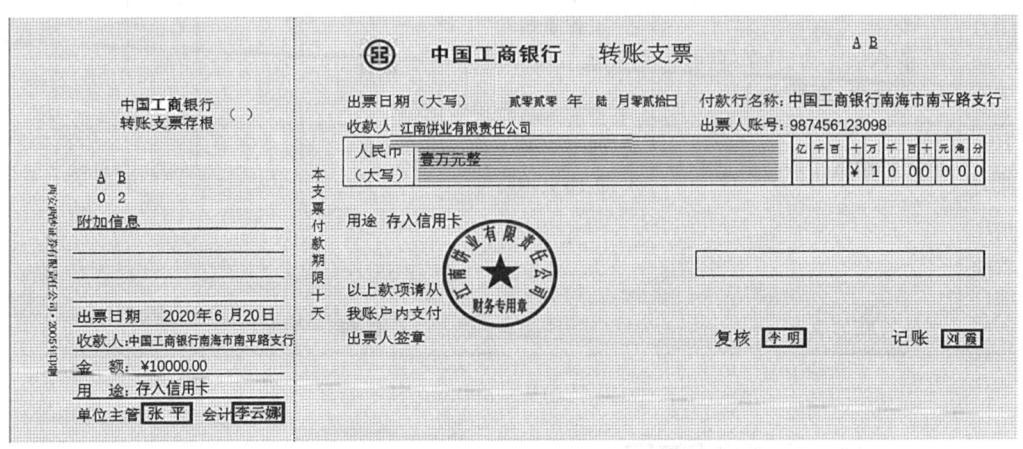

图 3-2　需要审核的原始凭证(1)

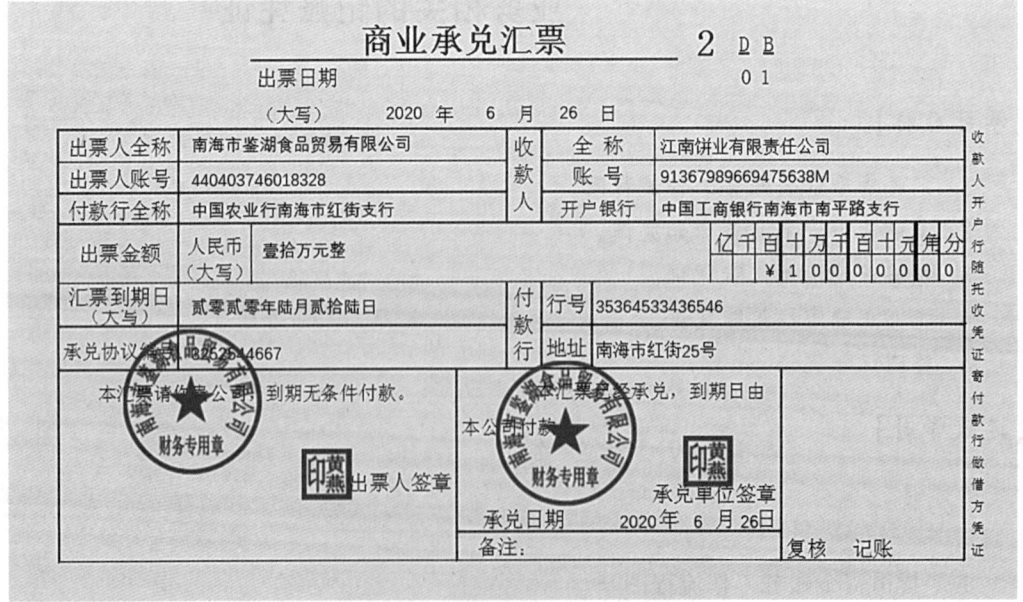

图 3-3　需要审核的原始凭证(2)

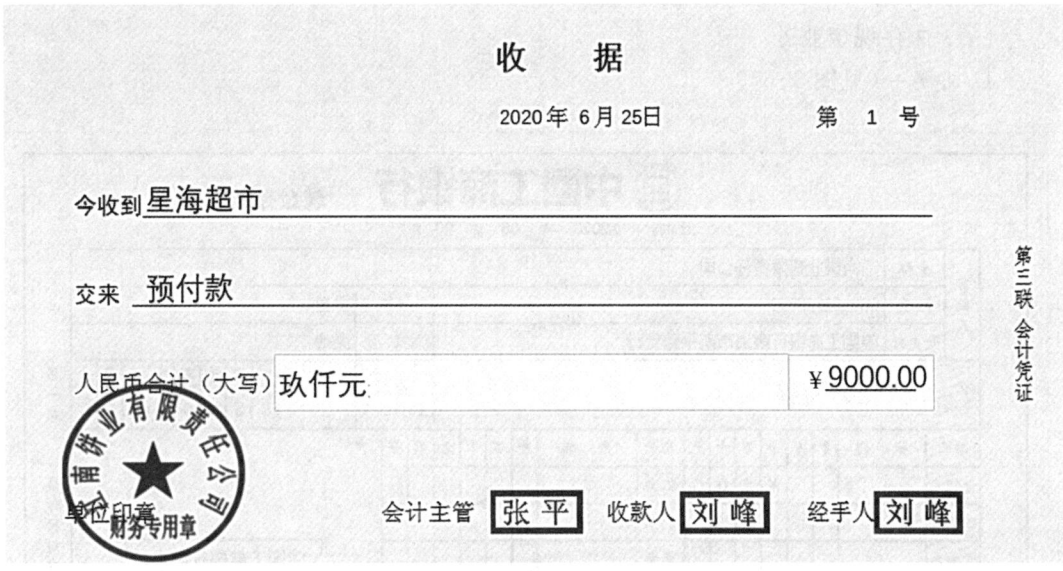

图 3-4 需要审核的原始凭证(3)

3. 2人一组,交互检查对方的结果,并将两人的结果归纳在卡纸上。

4. 抽取十份卡纸,贴于白板上,分小组讨论,总结出原始凭证的审核处理方法,教师进行点评,并完成连连看(见图 3-5)。

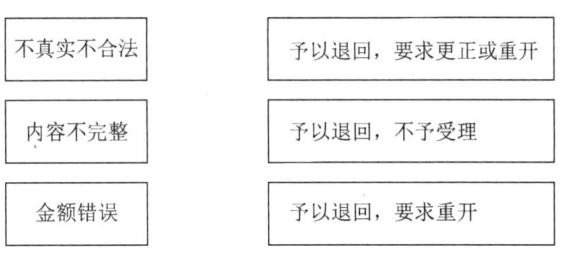

图 3-5 连连看

5. 小组长检查、核对本小组组员原始凭证审核的结果,并协助更正。

三、记账凭证的填制(共需 42 张记账凭证)。

(一) 库存现金业务

1. 业务一(见图 3-6)。

中国工商银行　现金存款凭条

日期： 2020 年 06 月 03 日

存款人	全称	江南饼业有限责任公司		
	账号	987456123098	款项来源	零星收入
	开户行	中国工商银行南海市南平路支行	交款人	刘峰
金额	人民币（大写）	伍万元整	金额（小写）	¥5000000

券面	张数	十	万	千	百	十	元	券面	张数	千	百	十	元	角	分	备注
壹佰元				¥	5	0	0	伍角								中国工商银行南海市南平路支行 2020.06.03 转讫
伍拾元								贰角								
贰拾元								壹角								
拾元								伍分								
伍元								贰分								
贰元								壹分								
壹圆								其他								

201508 190*100mm

第一联 银行核对联

图 3-6　业务一

2. 业务二(见图 3-7)。

收　据

2020年06月02日　　第 01 号

今收到 李丽

交来 卖废纸壳箱收入

人民币合计（大写）壹仟元整　¥1000.00

单位印章（江南饼业有限责任公司 财务专用章）　会计主管 张平　收款人 刘峰　经手人 谢梅芳

第三联 会计凭证

图 3-7　业务二

3. 业务三(见图 3-8)。

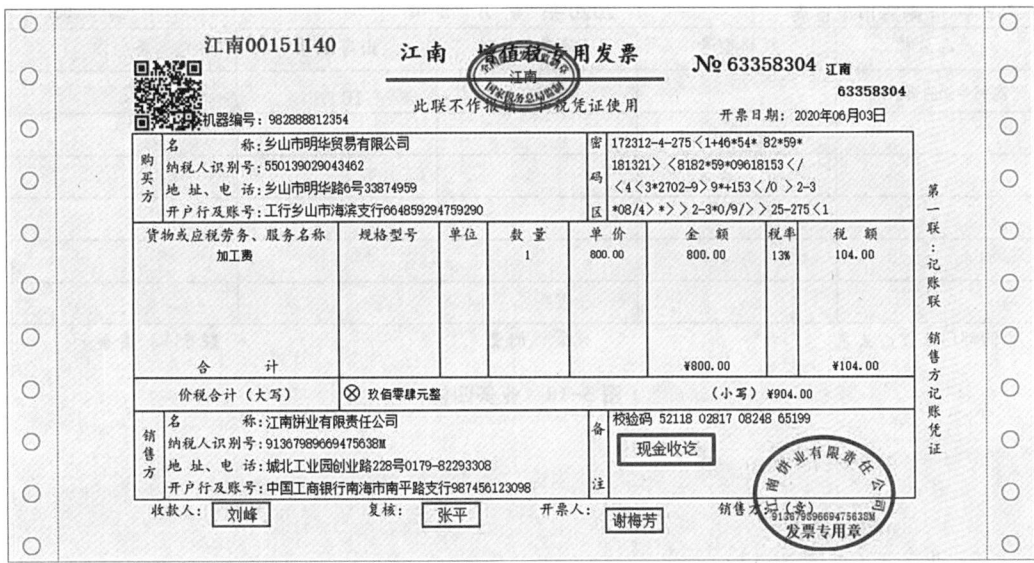

图 3-8　业务三

4. 业务四(见图 3-9 至图 3-10)。

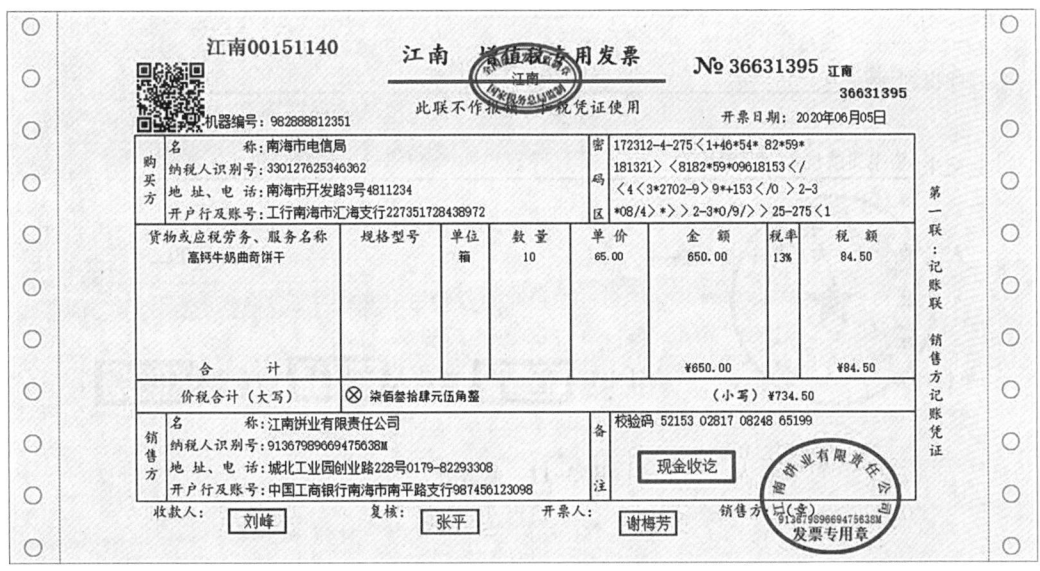

图 3-9　业务四(1)

产品出库单（记账凭证）

购货单位：南海市电信局　　2020年 6 月 5 日　　编号：001

产品名称	规格型号	计量单位	出库数量	备注
高钙牛奶曲奇饼干		箱	10	

仓储部门主管：王英　　保管：谢宏　　经手人：俞静

图 3-10　业务四(2)

5. 业务五（见图 3-11）。

收　据

2020年06月10日　　第 04 号

今收到　谢梅芳

交来　盗电罚款收入

人民币合计（大写）伍佰元整　　￥500.00

单位印章（江南纸业有限责任公司 财务专用章）

会计主管 张平　　收款人 刘峰　　经手人 谢梅芳

第三联 会计凭证

图 3-11　业务五

6. 业务六（见图3-12）。

借 款 单

2020年06月05日

现金付讫

借款单位：	采购部		
借款理由：	借支差旅费		
借款数额：	人民币(大写) 叁千元整		￥3000.00
本单位负责人意见：	同意 李强	借款人：	谢梅芳
会计主管核批：张平	付款方式：	出纳：刘峰	

图3-12 业务六

7. 业务七（见图3-13至图3-15）。

图3-13 业务七(1)

固定资产验收单

2020年06月09日

名称	规格型号	单位	数量	设备价款	预计使用年限	使用部门
打印机		台	1	600	10	财务部
合计			1	600		

单位主管：张平　　检验：李云娜　　经办：谢梅芳

图 3-14　业务七(2)

支 出 凭 单

2020 年 06 月 09 日　　　第 01 号

即付：报销购买打印机费用

款：对方科目编号　　现金付讫

计人民币：陆佰柒拾捌元整　　￥678.00

领款人：谢梅芳　　主管审批：张平

财务主管：张平　　记账：李云娜　　出纳：刘峰　　审核：张平　　制单：李云娜

附单据 1 张

图 3-15　业务七(3)

8. 业务八(见图 3-16)。

图 3-16　业务八

9. 业务九(见图 3-17)。

2020 年 5 月份补发工资发放表			
序号	姓名	补发工资	签名
1	李强	4000	
2	张平	4000	
3	李云娜	4000	
4	刘峰	4000	
5	谢梅芳	4000	
合计		20000	

图 3-17　业务九

10. 业务十（见图3-18）。

困难职工补助明细表			
序号	姓名	补助金额	签名
1	李凌云	500	
2	张小艳	500	（江南矿业有限责任公司财务专用章）
3	李保全	500	
4	吴大志	500	
5	王小川	500	
6	李小云	500	
	合计	3000	

图3-18 业务十

11. 业务十一（见图3-19）。

库存现金盘点报告表

2020 年 06 月 25 日

实存金额	账存金额	盘盈	盘亏	备注
			500.00	

盘点人（签章）： 谢梅芳　　　出纳员（签章）： 刘峰

图3-19 业务十一

12. 业务十二(见图 3-20)。

收　据

2020年06月25日　　第 05 号

今收到 刘峰

交来 现金盘亏赔偿款

人民币合计（大写）伍佰元整　　¥500.00

单位印章（江南钢业有限责任公司 财务专用章）　会计主管 张平　收款人 刘峰　经手人 谢梅芳

第三联 会计凭证

图 3-20　业务十二

13. 业务十三(见图 3-21)。

库存现金盘点报告表

2020 年 06 月 29 日

实存金额	账存金额	盘盈	盘亏	备注
		500.00		

盘点人（签章）：谢梅芳　　出纳员（签章）：刘峰

图 3-21　业务十三

14. 业务十四(见图 3-22)。

关于 2020 年 6 月份库存现金盘点结果及账务处理的报告

公司董事会、监事会：

　　现金盘点结果如附表，经核查盘盈现金 500 元为少付采购经理差旅费。特此说明，请知悉。

2020 年 6 月 30 日

图 3-22　业务十四

15. 业务十五(见图 3-23 至图 3-24)。

差旅费报销单

报销部门：采购部					报销日期：2020 年 06 月 30 日			
出差人：谢梅芳				出差事由：外出采购				
出差日期：2020 年 06 月 22 日 至 2020 年 06 月 27 日 共计：6 天								
车船费					其他费用			
出发地	到达地	交通工具	附件张数	金额	项目	附件张数	金额	
南海	上海	火车	2	600.00	住宿	1	1,200.00	
					餐饮			
					市内交通			
					通信费			
					其他		700.00	
合　计			2	¥600.00	合　计	1	¥1,900.00	
费用合计：¥2,500.00				元	大写(人民币)：贰仟伍佰元整			
预借差旅：¥3,000.00				元	补领金额：	元	退还金额：¥500.00 元	
核实后报销金额：¥2,500.00				元	大写(人民币)：贰仟伍佰元整			
审批：李强		财务主管：张平		会计：李云娜		部门主管：李强		领款人：谢梅芳

图 3-23　业务十五(1)

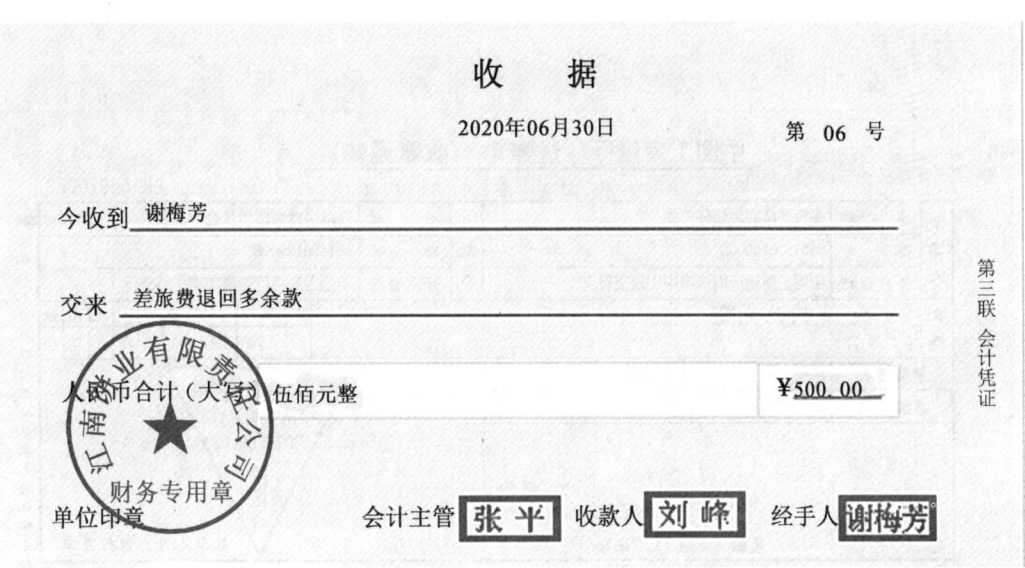

图 3-24 业务十五(2)

（二）银行存款业务。

1. 业务一（见图 3-25）。

图 3-25 业务一

2. 业务二（见图 3-26、图 3-27）。

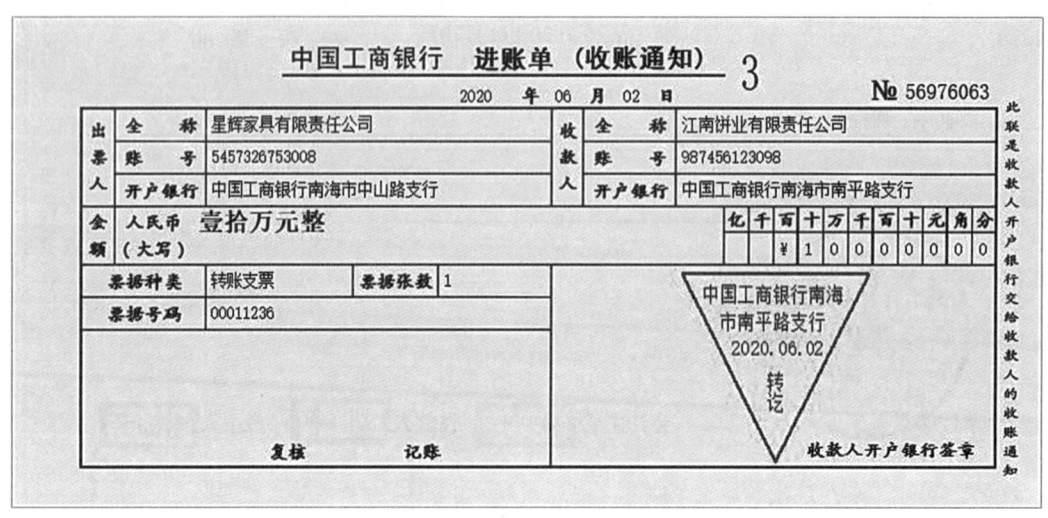

图 3-26　业务二（1）

长期投资协议

接受投资单位：江南饼业有限责任公司（甲方）
投资单位：星辉家具有限责任公司　（乙方）
甲乙双方为了扩大生产规模，协议如下：
（1）乙方用货币资金向甲方投资，流动资金总价款为壹拾万元，签订合同之日起交付。
（2）投资期限为 2 年，投资期内不得随意抽回投资额。
（3）投资额占甲方有表决权资本的 1%，并按此比例享受年利润的分配。

图 3-27　业务二（2）

3. 业务三(见图3-28至图3-31)。

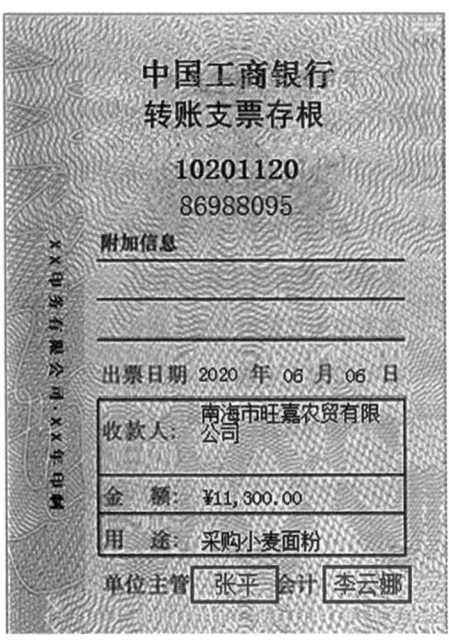

图3-28 业务三(1)

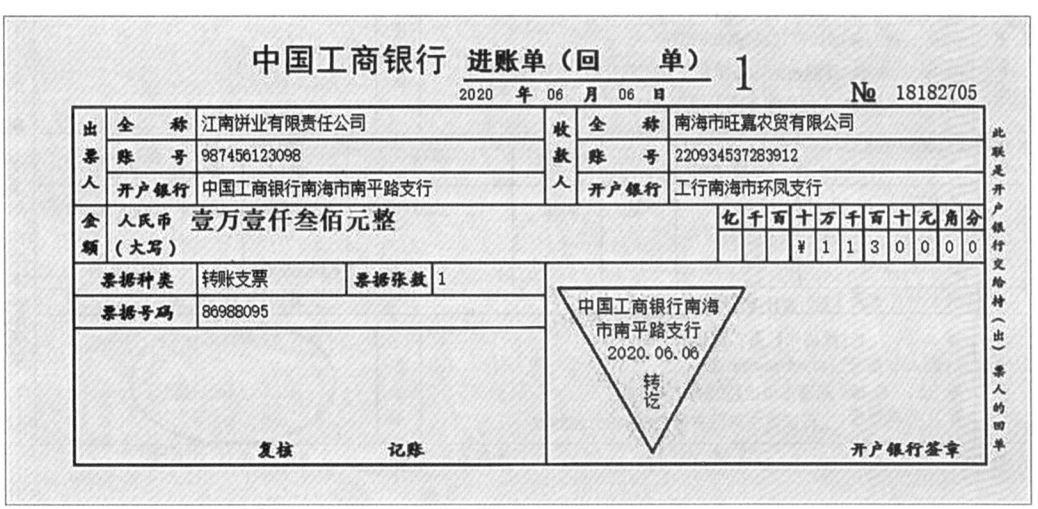

图3-29 业务三(2)

材料入库单（记账凭单）

供货单位：南海市旺嘉农贸有限公司　　2020年6月6日　　材料类别：小麦面粉　　编号：001
发票号码：01823763　　　　　　　　　　　　　　　　　　材料编号：　　　　　　仓库：材料库

材料名称	计量单位	规格型号	数量		实际成本				
			应收	实收	单价	金额	运杂费	其他	合计
小麦面粉	千克	01	5000	5000	2.00	10000			10000
备注：					合计	10000			10000

采购：李蓉　　检验：李玲　　保管：刘霞　　主管：王英　　财务：李云娜

图 3-30　业务三(3)

江南增值税专用发票　NO

开票日期：2020年06月06日

购货单位	名　称：江南饼业有限责任公司					密码区		
	纳税人识别号：91367989669475638M							
	地址、电话：江南省南海市城北工业园创业路228号82293308							
	开户行及账号：工行南海市南平路支行987456123098							
货物或应税劳务名称	规格型号	单位	数量	单价	金额		税率	税额
小麦面粉		千克	5000	2.00	10000.00		13%	1300.00
合　计					￥10000.00			￥1300.00
价税合计（大写）壹万壹仟叁佰元整					（小写）￥11300.00			
销货单位	名　称：南海市旺嘉农贸有限公司				备注	南海市旺嘉农贸有限公司 440402646024162 发票专用章		
	纳税人识别号：440402646024162							
	地址、电话：南海市中山路32号2398700							
	开户行及账号：工行南海市环风支行220934537283912							

收款人：　　复核：　　开票人：李乐　　销货单位：（盖章）

图 3-31　业务三(4)

4. 业务四(见图 3-32 至图 3-34)。

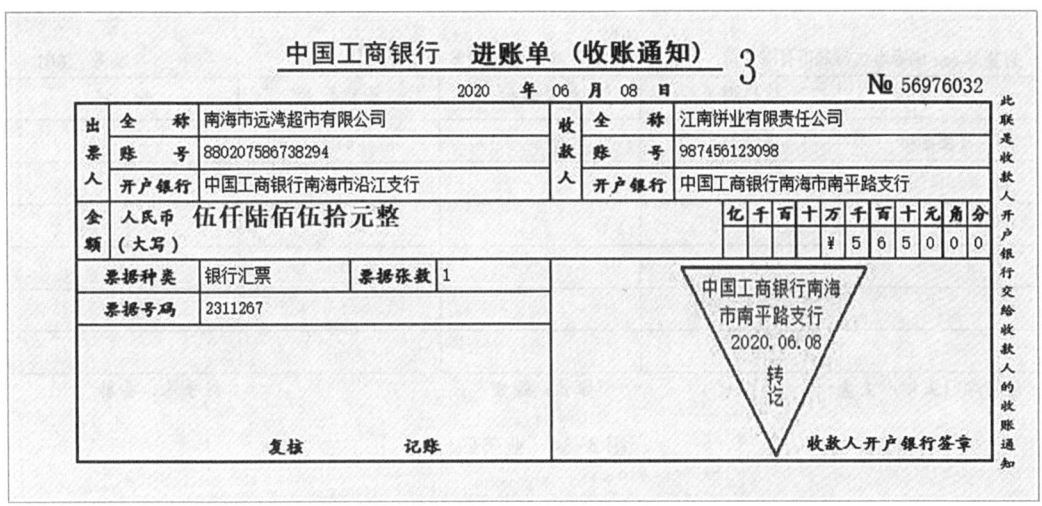

图 3-32　业务四(1)

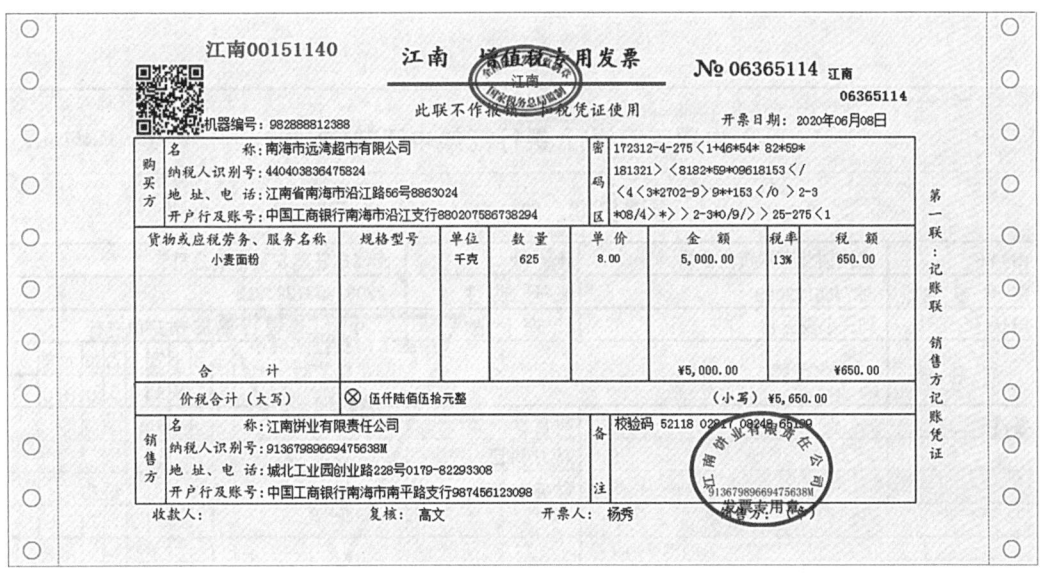

图 3-33　业务四(2)

材料出库单（记账凭证）

购货单位：南海市远湾超市有限公司　　2020年 6 月 8 日　　编号：001

产品名称	规格型号	计量单位	出库数量	备　注
小麦面粉		千克	625	125元/千克

仓储部门主管：王英　　　　保管：谢宏　　　　经手人：俞静

图 3-34　业务四(3)

5. 业务五（见图 3-35、图 3-36）。

中国工商银行 银行汇票申请书（存根）　1　第35768号

申请日期　2020 年 06 月 08 日

申　请	江南饼业有限责任公司	收　款	南海市旺嘉农贸有限公司
账号或住址	987456123098	账号或住址	220934537283912
用途	购买小麦面粉	代理付款	中国工商银行南海市环风支行
汇票金	肆万元整		￥4 0 0 0 0 0 0
备注		科目：	
		对方科目	
		财务主管	复核　　经办

（盖章：中国工商银行南海市南平路支行 2020年6月8日 转讫）

图 3-35　业务五(1)

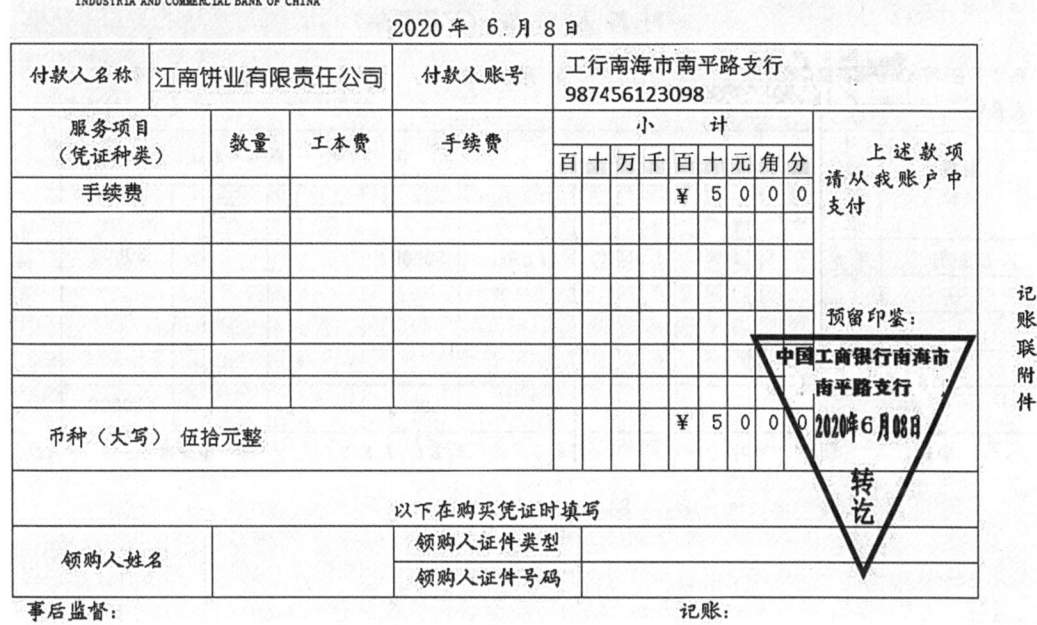

图 3-36　业务五(2)

6. 业务六(见图 3-37 至图 3-39)。

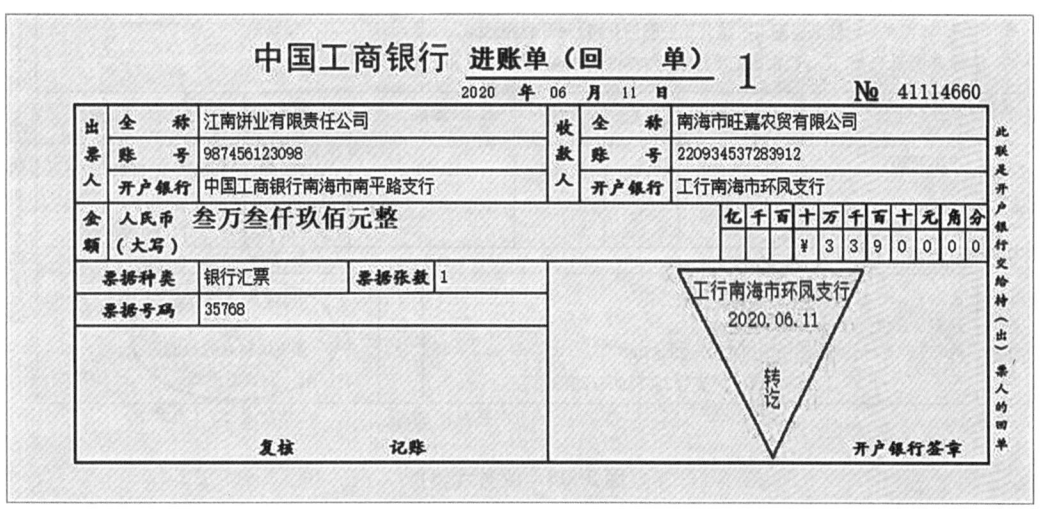

图 3-37　业务六(1)

材料入库单（记账凭单）

供货单位：南海市旺嘉农贸有限公司　　2020年 6 月 11 日　　材料类别：小麦面粉　　编号：002
发票号码：01823763　　　　　　　　　　　　　　　　　　　材料编号：　　　　仓库：材料库

材料名称	计量单位	规格型号	数量		实际成本				合计
			应收	实收	单价	金额	运杂费	其他	
小麦面粉	千克		15000	15000	2.00	30000			30000
备注：					合计	30000			30000

采购：李蓉　　检验：李玲　　保管：刘震　　主管：王英　　财务：李云娜

图 3-38　业务六(2)

江南增值税专用发票　NO

开票日期：2020年06月11日

购货单位	名　称：江南饼业有限责任公司
	纳税人识别号：913679896694756381M
	地　址、电话：江南省南海市城北工业园创业路228号82293308
	开户行及账号：工行南海市南平路支行987456123098

密码区

货物或应税劳务名称	规格型号	单位	数量	单价	金额	税率	税额
小麦面粉		千克	15000	2.00	30000.00	13%	3900.00
合　计					¥30000.00		¥3900.00

价税合计（大写）　叁万叁仟玖佰元整　　　（小写）¥33900.00

销货单位	名　称：南海市旺嘉农贸有限公司
	纳税人识别号：440402646024162
	地　址、电话：南海市中山路32号2398700
	开户行及账号：工行南海市环风支行220934537283912

备注：南海市旺嘉农贸有限公司　440402646024162　发票专用章

收款人：　　复核：　　开票人：李乐　　销货单位：（盖章）

图 3-39　业务六(3)

7. 业务七(见图 3-40)。

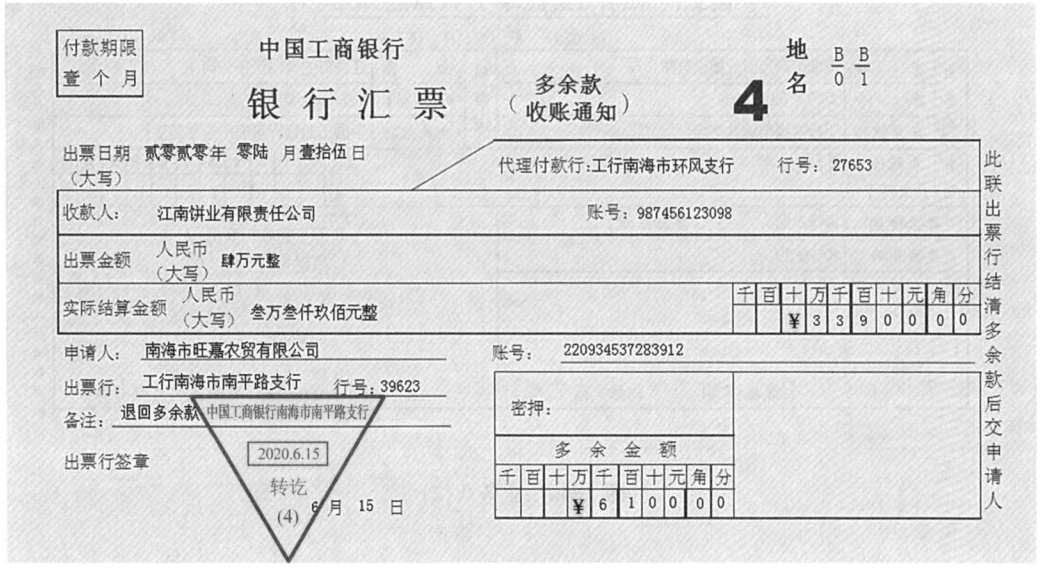

图 3-40　业务七

8. 业务八(见图 3-41、图 3-42)。

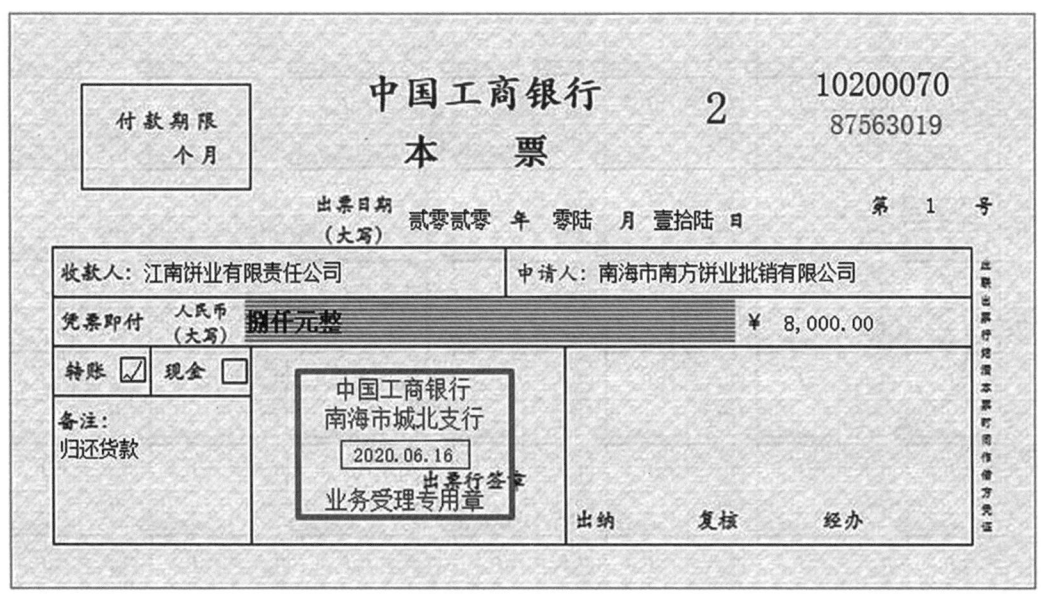

图 3-41　业务八(1)

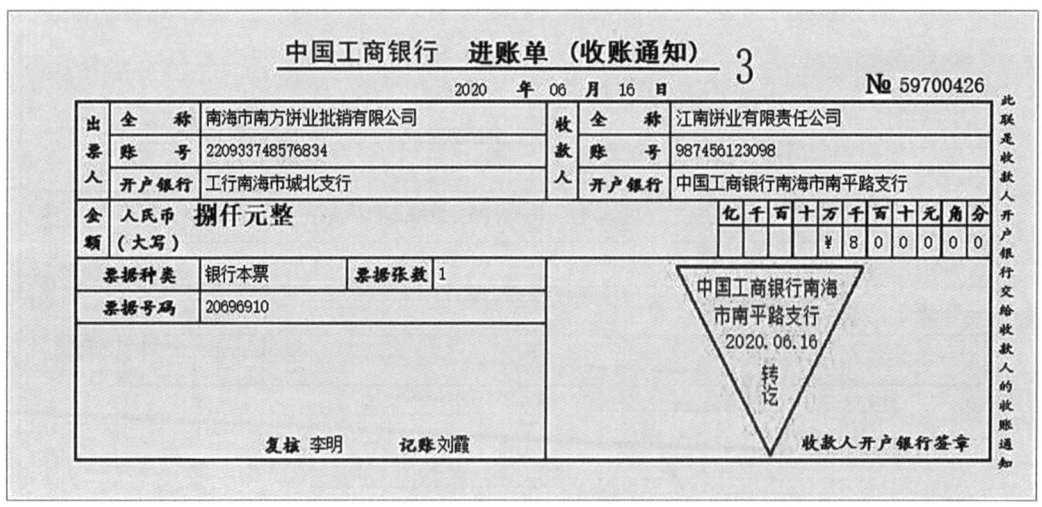

图 3-42 业务八(2)

9. 业务九(见图 3-43 至图 3-45)。

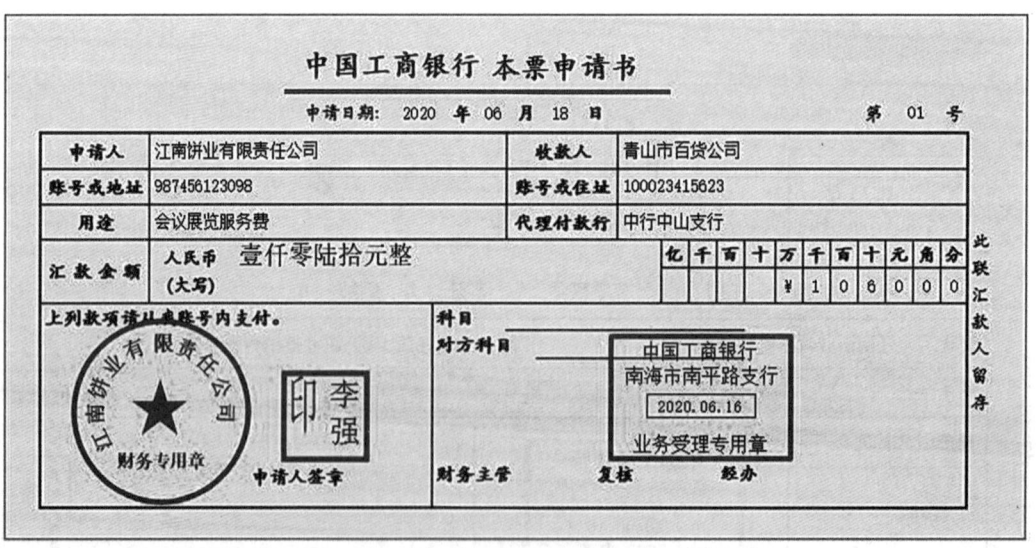

图 3-43 业务九(1)

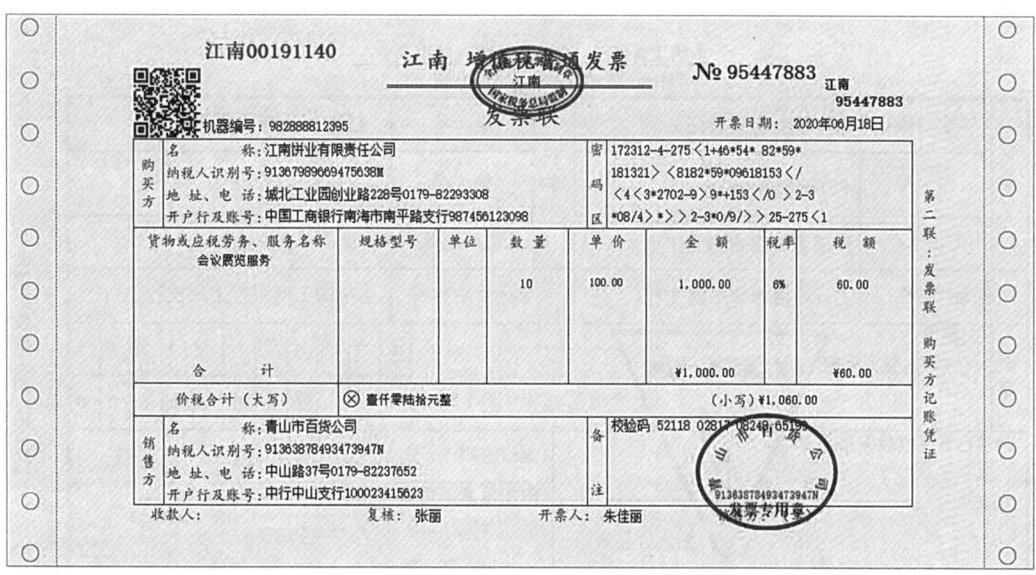

图 3-44　业务九(2)

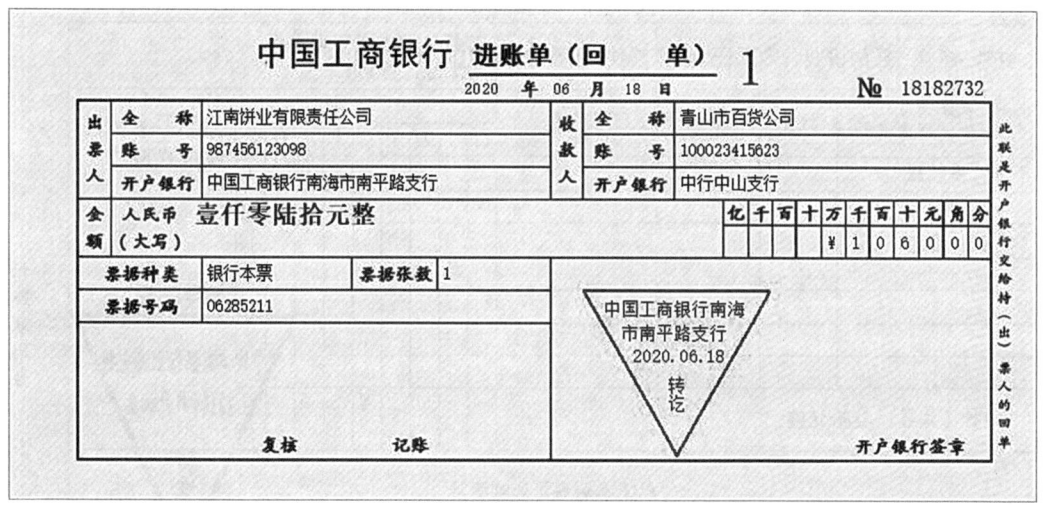

图 3-45　业务九(3)

10. 业务十(见图 3-46、图 3-47)。

中国工商银行　信汇凭证（收账通知）　　　4
委托日期 2020年 6 月 20 日　　　　　第 135 号

汇款人	全 称	江南饼业有限责任公司	收款人	全 称	江南饼业有限责任公司
	账 号	987456123098		账 号	955856128930
	汇出地点	江南省南海市城北工业		汇入地点	星海市
	汇出行名称	工行南海市南平路支行		汇入行名称	中国工商银行上海支行

金额	人民币（大写）壹万元整	亿千百十万千百十元角分 ¥ 1 0 0 0 0 0 0

款项已收入收款人账户

（中国工商银行上海支行 2020年6月20日 转讫 汇入行签章）

支付密码
附加信息及用途：临时采购专户
复核：　　　记账：

此联给收款人的收账通知

图 3-46　业务十(1)

中国工商银行　　　　　　　　　　　　　　收费凭条
INDUSTRIA AND COMMERCIAL BANK OF CHINA
　　　　　　　　　2020年 6 月 20 日

付款人名称	江南饼业有限责任公司	付款人账号	工行南海市南平路支行 987456123098

服务项目（凭证种类）	数量	工本费	手续费	小　计 百十万千百十元角分	
手续费				¥ 3 0 0 0	上述款项请从我账户中支付
					预留印鉴：
币种（大写）叁拾元整				¥ 3 0 0 0	（中国工商银行上海支行 2020年6月20日 转讫）

以下在购买凭证时填写

领购人姓名		领购人证件类型	
		领购人证件号码	

事后监督：　　　　　　　　　　　　　　　　记账：

图 3-47　业务十(2)

11. 业务十一（见图 3-48）。

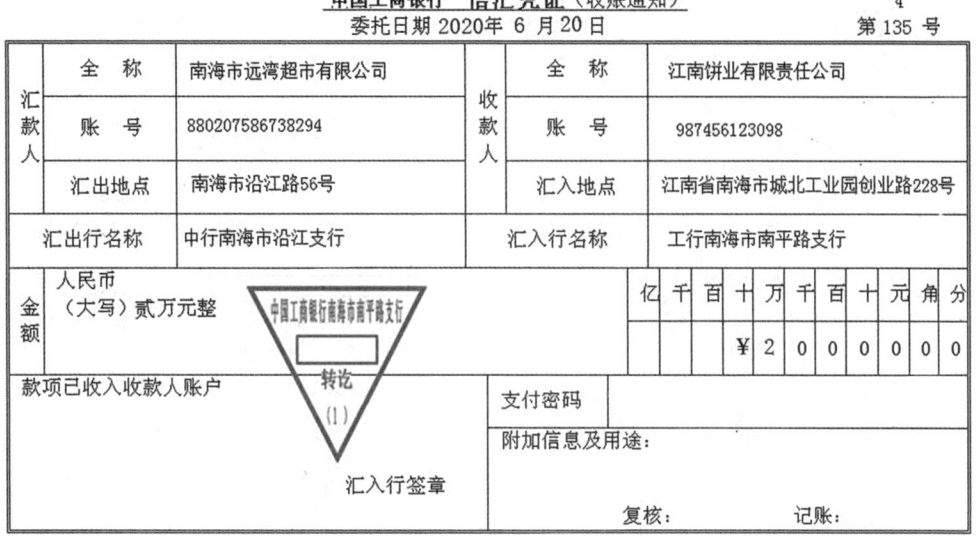

图 3-48　业务十一

12. 业务十二（见图 3-49 至图 3-51）。

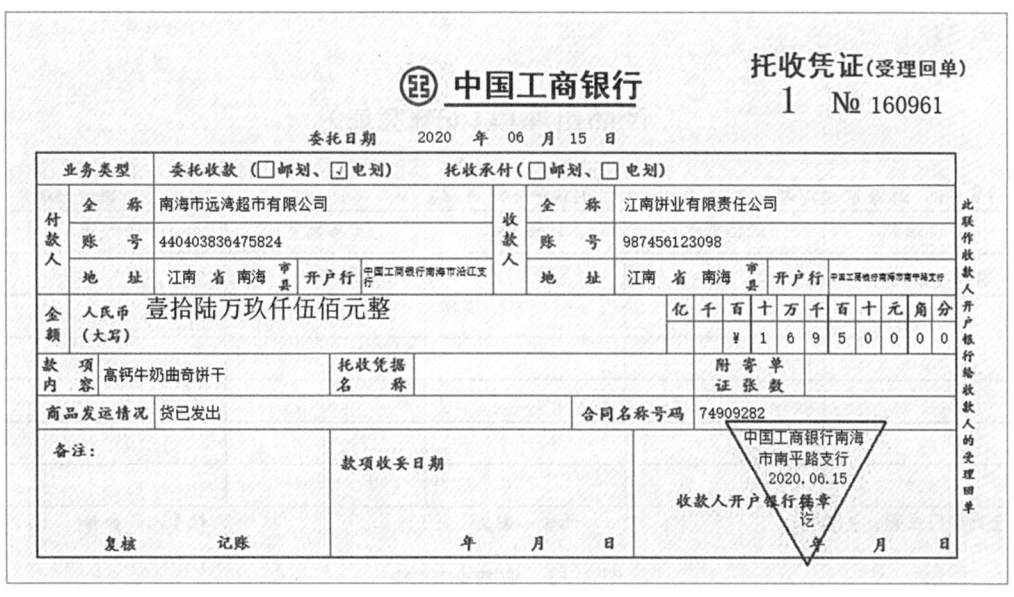

图 3-49　业务十二（1）

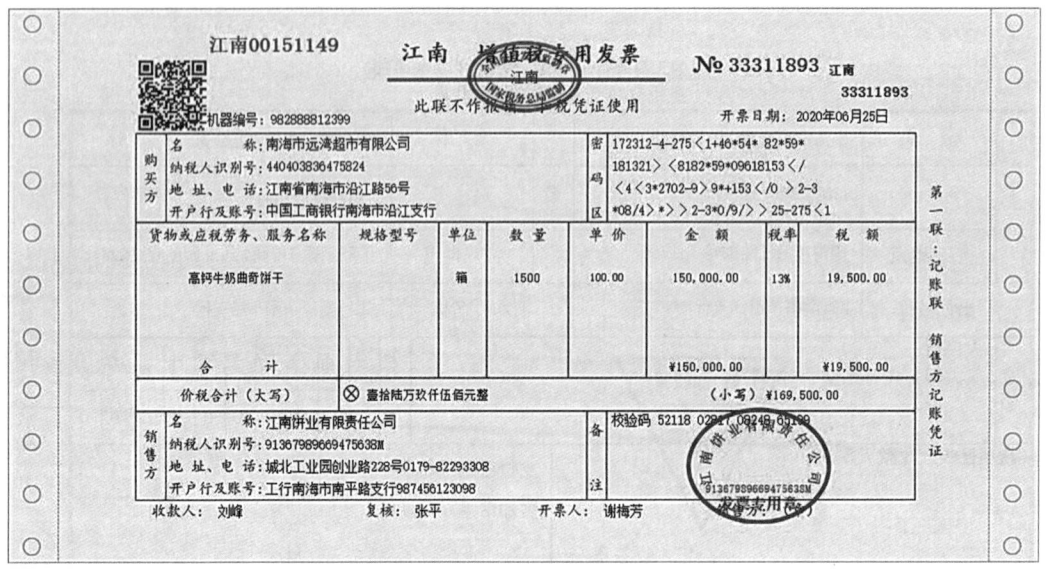

图 3-50　业务十二(2)

产品出库单（记账凭证）

购货单位：南海市远湾超市有限公司　　2020 年 6 月 25 日　　　　编号：002

产品名称	规格型号	计量单位	出库数量	备注
高钙牛奶曲奇饼		箱	1500	

仓储部门主管：王英　　　　保管：谢宏　　　　经手人：俞静

图 3-51　业务十二(3)

13. 业务十三(见图 3-52)。

中国工商银行　　托收凭证（汇款依据或收账通知）　4　№ 480152

委托日期　2020 年 06 月 24 日　　付款期限　2020 年 06 月 25 日

业务类型	委托收款（☑邮划、☐电划）		托收承付（☐邮划、☐电划）		
付款人 全称	南海市远湾超市有限公司		收款人 全称	江南饼业有限责任公司	
付款人 账号	880207586738294		收款人 账号	987456123098	
付款人 地址	江南 省 南海 市县	开户行：中国工商银行南海市沿江支行	收款人 地址	江南 省 南海 市县	开户行：中国工商银行南海市南平路支行
金额 人民币（大写）	壹拾陆万玖仟伍佰元整		亿千百十万千百十元角分	￥ 1 6 9 5 0 0 0 0	
款项内容	货款	托收凭据名称	发票	附寄单证张数	2
商品发运情况	货已发出		合同名称号码	AR3526	
备注：　复核　记账		上列款项已划回收入你方账户内。收款人开户银行签章　年　月　日			

中国工商银行南海市南平路支行 2020.06.24 转讫

此联付款人开户银行凭以汇款或收款人开户银行作收账通知

图 3-52　业务十三

14. 业务十四(见图 3-53、图 3-54)。

同城特约委托收款 凭证（付款通知）2　　第 5 号

委托日期　2020 年　6 月　21 日　　委托号码:2341

付款人	全称	江南饼业有限责任公司	收款人	全称	南海市水电集团有限公司
	账号	987456123098		账号	925456108935
	开户银行	工行南海市南平路支行		开户银行	建行中山路支行
委收金额	人民币（大写）	壹仟零玖拾元整	千百十万千百十元角分	￥ 1 0 9 0 0 0	
款项内容	合同号		收款人联系电话		
2020年6月21日 水费：￥1090.00	备注：		收款人签章	付款人开户行签章	

中国工商银行南海市南平路支行 转讫 (1)

此联付款人开户行给付款人按期付款的通知

单位主管：　　会计：　　复核：　　记账：

图 3-53　业务十四(1)

江南增值税普通发票

发票联

NO

开票日期：2020年06月21日

购货单位	名　　称：江南饼业有限责任公司 纳税人识别号：91367989669475638M 地　址、电话：江南省南海市城北工业园创业路228号82293308 开户行及账号：工行南海市南平路支行987456123098	密码区	略

货物或应税劳务名称	规格型号	单位	数量	单价	金额	税率	税额
水费		吨	250	4.00	1000	9%	90
合　计					¥1000.00		¥90.00

价税合计（大写）	壹仟零玖拾元整	（小写）¥1090.00		
销货单位	名　　称：南海市水电集团有限公司 纳税人识别号：92367089669875633J 地　址、电话：江南省南海市沿江路228号87293105 开户行及账号：工行南海市沿江路支行967256423092	备注		

收款人：　　　　复核：　　　　开票人：吴涛　　　　销货单位：（盖章）

图 3-54　业务十四(2)

15. 业务十五(见图 3-55)。

江南省电子税务局电子缴款凭证

税务管理机构：国家税务总局南海市税务局　　打印日期：2020-06-17　　凭证编号：

纳税人识别号	91367989669475638M	银行账号	987456123098
纳税人名称	江南饼业有限责任公司	缴款日期	2020-06-17
系统税票号	税种　　税目	所属时期	实缴金额
缴纳罚款			1050.00
金额总计（大写）壹仟零伍拾元整			¥1050.00

本缴款凭证仅作为纳税人记账核算凭证，电子缴税的，需与银行对账电子划缴记录核对一致方有效。纳税人如需汇总开具正式完税证明，需凭税务登记证或身份证明到主管税务机关开具。

第1次打印

图 3-55　业务十五

16. 业务十六(见图 3-56、图 3-57)。

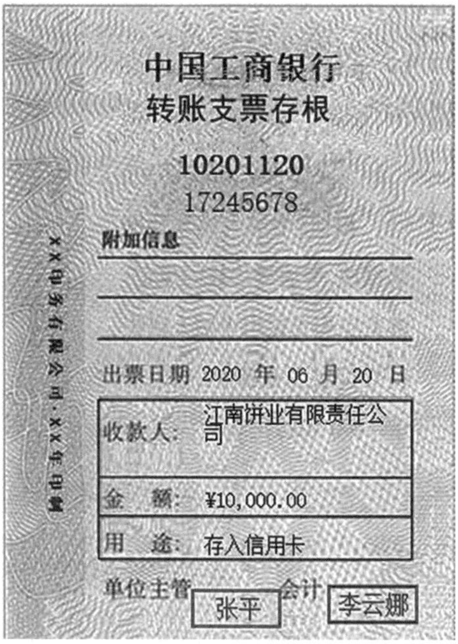

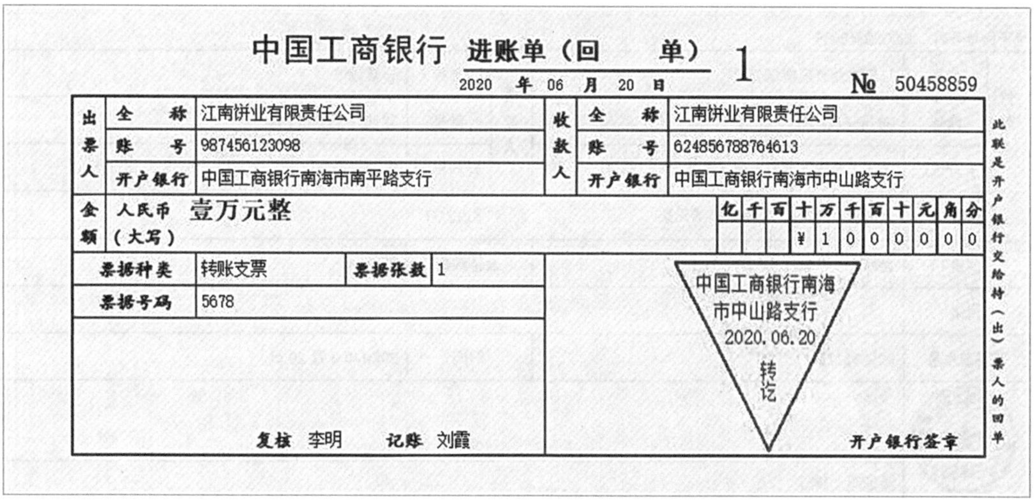

图 3-56　业务十六(1)

图 3-57　业务十六(2)

17. 业务十七（见图 3-58、图 3-59）。

图 3-58　业务十七(1)

中国工商银行网上银行电子回单

电子回单号码：000000345656

付款人	全称	江南饼业有限责任公司	收款人	全称	新新饭馆
	账号	987456123098		账号	325576868567744
	开户银行	中国工商银行南海市南平路支行		开户银行	中国银行南海市沿江支行
金额	人民币（大写）：贰佰壹拾贰元整　　　　¥212.00					
摘要	付款		业务种类	汇兑		
用途						
交易流水号	325255225		时间	2020年6月20日		
备注						
验证码：（略）						
记账网点	0743	记账柜员	12	记账时间	2020年6月20日	

图 3-59　业务十七(2)

18. 业务十八（见图 3-60 至图 3-62）。

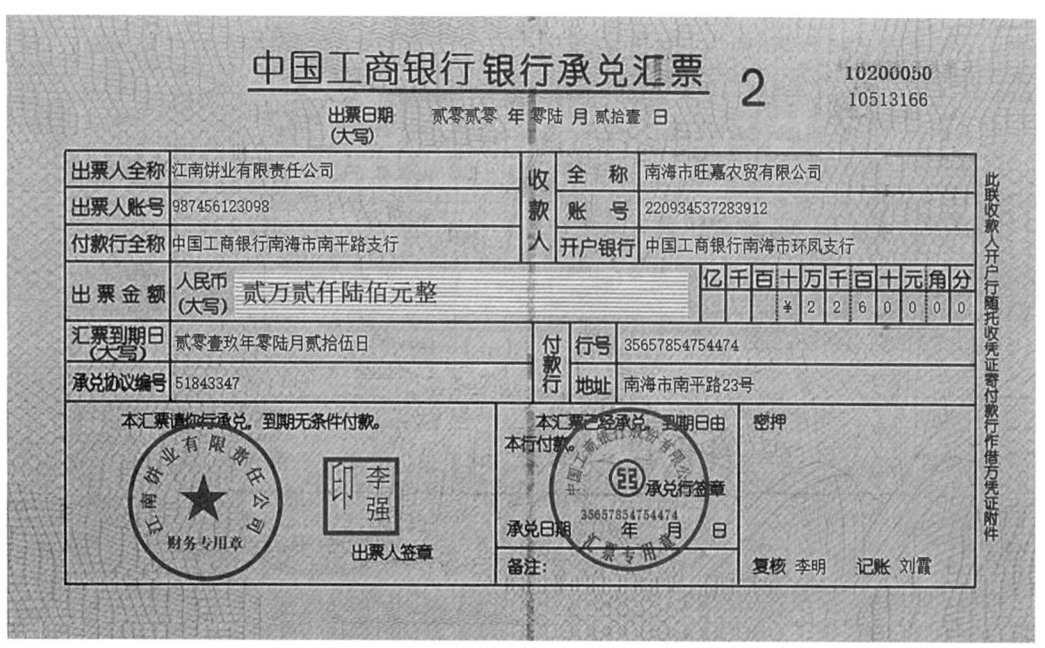

图 3-60　业务十八（1）

图 3-61　业务十八（2）

材料入库单（记账凭单）

供货单位：南海市旺嘉农贸有限公司　　2020 年 6 月 21 日　　材料类别：原料及主要材料编号：
发票号码：43534　　　　　　　　　　　　　　　　　　　　材料编号：101　　仓库：

材料名称	计量单位	规格型号	数量		实际成本				
			应收	实收	单价	金额	运杂费	其他	合计
小麦面粉	千克		10000	10000	2.00	20000.00			20000.00
备注：					合计	20000.00			20000.00

采购：李进　　检验：张三　　保管：李海　　主管：俞静　　财务：李云娜

② 财务

图 3-62　业务十八(3)

19. 业务十九（见图 3-63）。

中国工商银行　　　　　　　　收费凭条
INDUSTRIA AND COMMERCIAL BANK OF CHINA
2020 年 6 月 21 日

付款人名称	江南饼业有限责任公司		付款人账号	987456123098							
服务项目（凭证种类）	数量	工本费	手续费	小　　计							
				百	十	万	千	百	十	元	角	分
承兑手续费			22.60						2	2	6	0
币种（大写）貳拾貳元陆角整								¥	2	2	6	0

上述款项请从我账户中支付

预留印鉴：

中国工商银行南海市南平路支行
2020.6.21
转讫
(1)

记账联附件

以下在购买凭证时填写

领购人姓名		领购人证件类型	
		领购人证件号码	

事后监督：　　　　　　　　　　　记账：

图 3-63　业务十九

20. 业务二十(见图3-64)。

图 3-64 业务二十

21. 业务二十一(见图3-65至图3-67)。

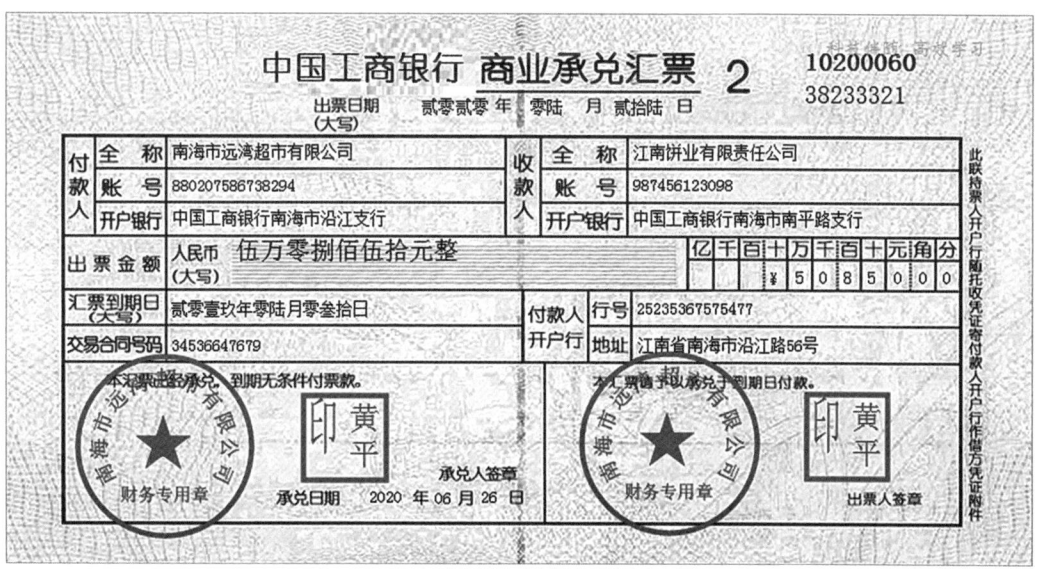

图 3-65 业务二十一(1)

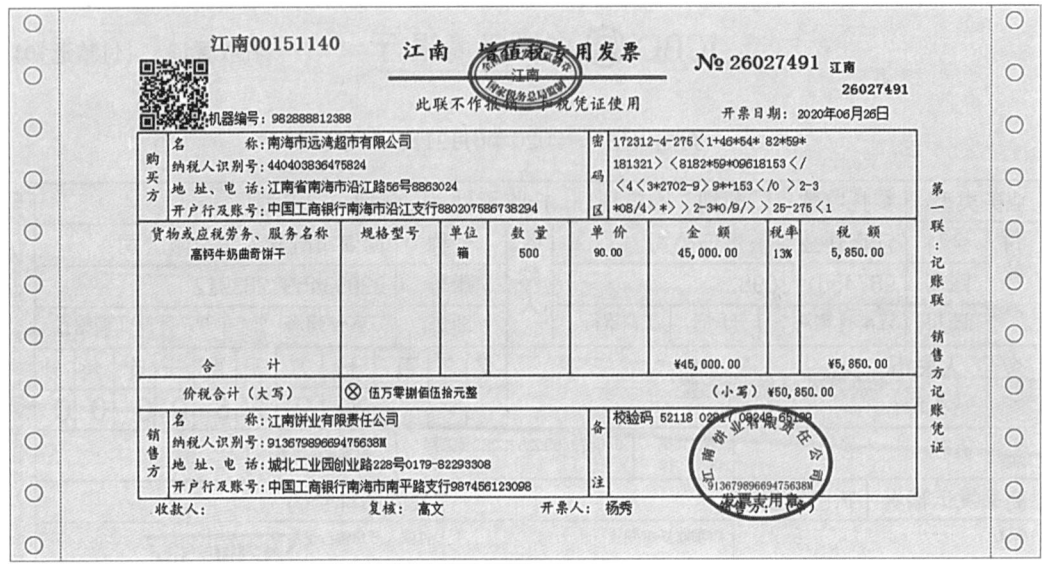

图 3-66　业务二十一（2）

产成品出库单（记账凭证）

购货单位：南海市远湾超市有限公司　　2020年 6 月 26 日　　编号：003

产品名称	规格型号	计量单位	出库数量	备 注
高钙牛奶曲奇饼干		箱	500	

仓储部门主管：俞静　　　　保管：李海　　　　经手人：李海

图 3-67　业务二十一（3）

22. 业务二十二（见图 3-68）。

图 3-68　业务二十二

23. 业务二十三（见图 3-69）。

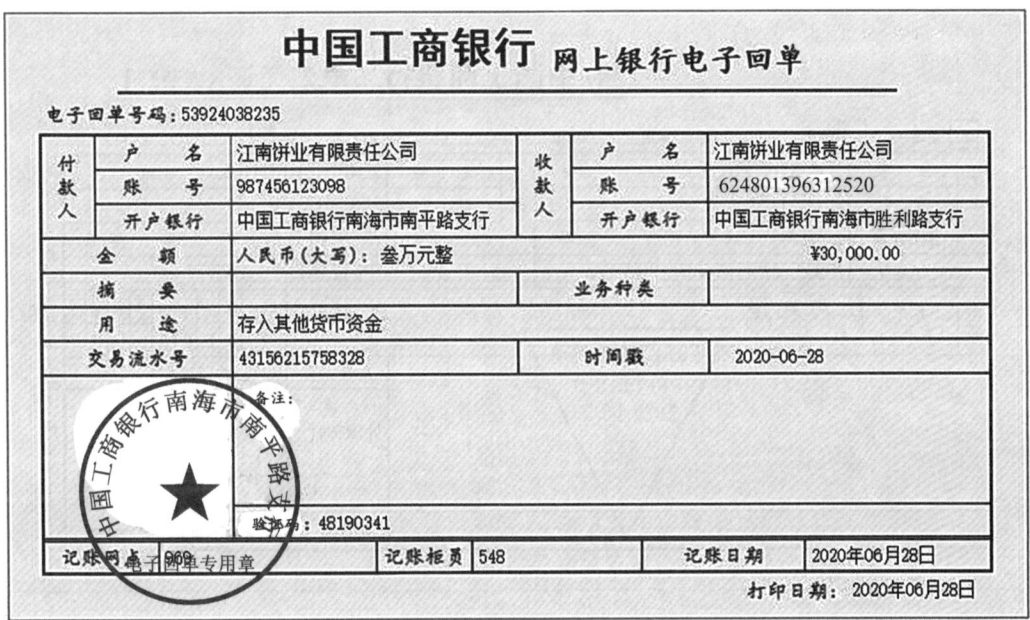

图 3-69　业务二十三

24. 业务二十四（见图 3-70）。

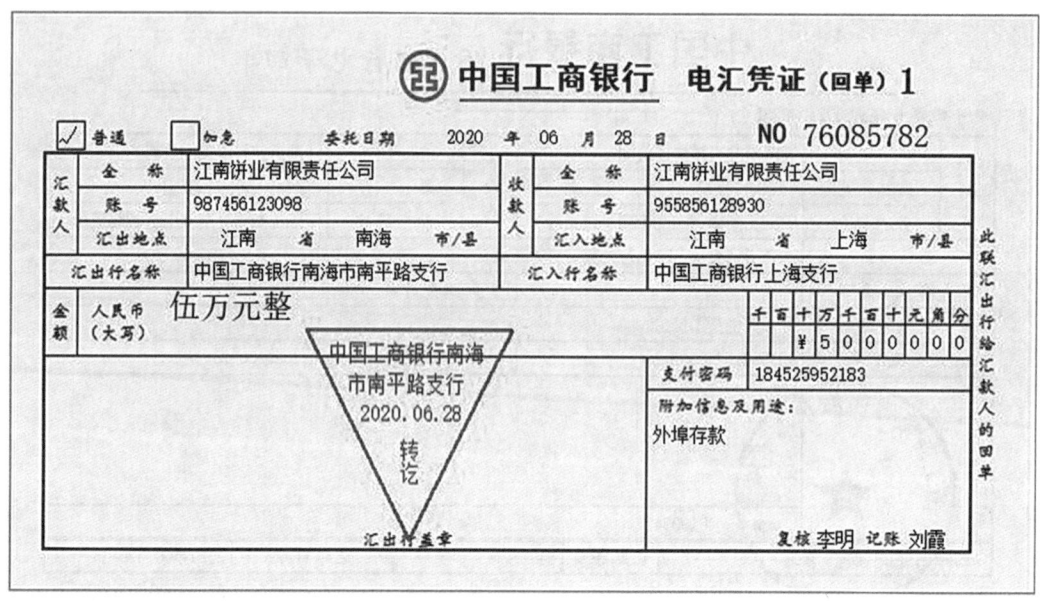

图 3-70　业务二十四

25. 业务二十五（见图 3-71 至图 3-73）。

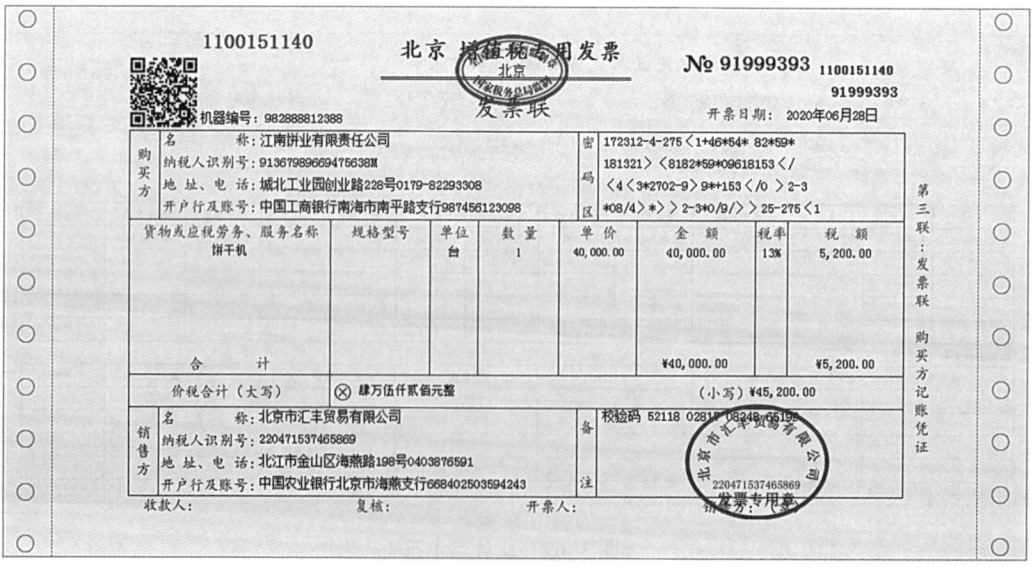

图 3-71　业务二十五（1）

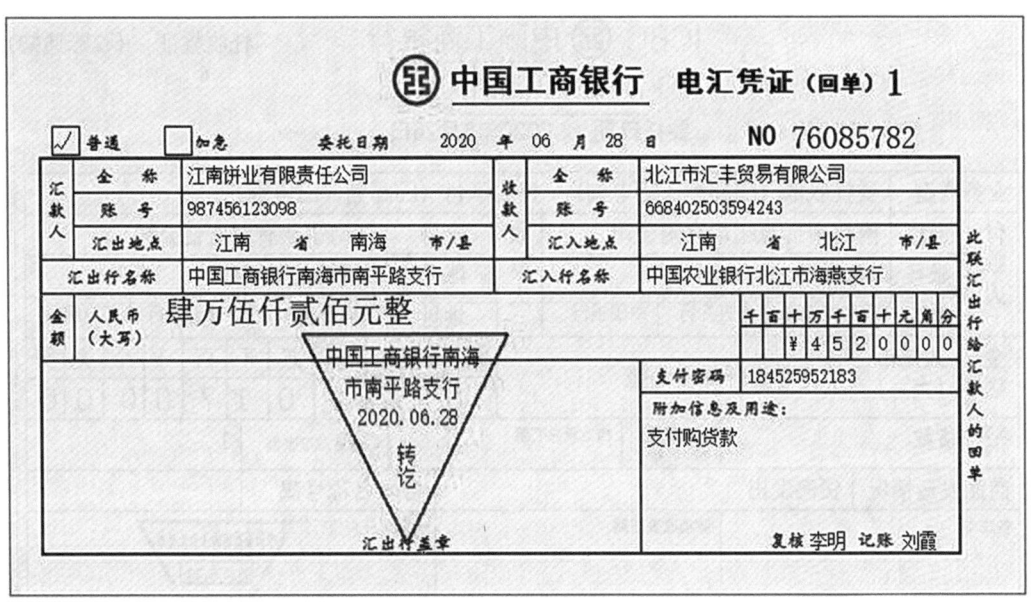

图 3-72　业务二十五(2)

固定资产验收单

2020年06月28日

名称	规格型号	单位	数量	设备价款	预计使用年限	使用部门
饼干机		台	1	40000	10	生产车间
合计			1	40000		

单位主管：李启明　　　　检验：李玲　　　　经办：李蓉

图 3-73　业务二十五(3)

26. 业务二十六(见图 3-74)。

```
ICBC 中国工商银行          托收凭证  (收账通知)
                                        4
           委托日期    2020年6月26日
```

业务类型	委托收款(□邮划、☑电划) 托收承付(□邮划、□电划)										
付款人	全称	南海市远湾超市有限公司		收款人	全称	江南饼业有限责任公司					
	账号	440403836475824			账号	987456123098					
	地址	江苏省 南海市县	开户行 中国银行		地址	江苏省 南海市县		开户行 工商银行			
金额	人民币(大写) 壹拾万零壹仟柒佰元整			亿 千 百 十 万 千 百 十 个 角 分 ¥ 1 0 1 7 0 0 0 0							
款项内容	货款		托收凭据名称 商业承兑汇票				邮寄单证张数	1			
商品发运情况	货已发出					合同名称号码					
备注:		款项收妥日期 2020年 6月 30日				付款人开户银行签章 中国银行南海市港汇支行 2020.6.30 转讫			2020年6月 30日		
	复核: 记账:										

图 3-74 业务二十六

(三)根据上述凭证,完成下列任务。

1. 查看以下所有业务单据,找出需要用现金核算的业务单据,把单据序号填入下面横线上。小组长进行汇总,把T形账户张贴在白板上,小组互评,教师点评。

(1)库存现金收入业务:＿＿＿＿＿＿＿＿＿＿＿＿＿＿＿＿＿＿＿＿＿＿

(2)库存现金支出业务:＿＿＿＿＿＿＿＿＿＿＿＿＿＿＿＿＿＿＿＿＿＿

(3)银行存款收入业务:＿＿＿＿＿＿＿＿＿＿＿＿＿＿＿＿＿＿＿＿＿＿

(4)银行存款支出业务:＿＿＿＿＿＿＿＿＿＿＿＿＿＿＿＿＿＿＿＿＿＿

(5)其他货币资金收入业务:＿＿＿＿＿＿＿＿＿＿＿＿＿＿＿＿＿＿＿＿

(6)其他货币资金支出业务:＿＿＿＿＿＿＿＿＿＿＿＿＿＿＿＿＿＿＿＿

2. 观看填制记账凭证视频。

3. 根据货币资金业务单据,填制记账凭证。

四、通过网络搜索,完成下列任务。

记账凭证审核的要点:

(1)＿＿＿＿＿＿＿＿＿＿＿＿＿＿＿＿＿＿＿＿＿＿＿＿＿＿＿＿＿＿＿＿＿

(2)＿＿＿＿＿＿＿＿＿＿＿＿＿＿＿＿＿＿＿＿＿＿＿＿＿＿＿＿＿＿＿＿＿

(3)＿＿＿＿＿＿＿＿＿＿＿＿＿＿＿＿＿＿＿＿＿＿＿＿＿＿＿＿＿＿＿＿＿

五、4人一组交叉审核记账凭证。根据记账凭证审核要点,以小组为单位找出交叉到本组记账凭证的错漏之处,由小组长将本组所发现的错漏之处填写在横线上,并根据所发现记账凭证错漏的多少进行评比。按发现错漏的数量选出前三名,前三名小组成员每人分别加 5 分、4 分、3 分,其他小组成员每人加 2 分。

本小组发现的错漏:

(1) _____

(2) _____

(3) _____

(4) _____

(5) _____

(6) _____

六、观看教师投影上的记账凭证,重新填写正确的记账凭证。

七、记账凭证的整理。

1. 利用星火燎原法学习整理凭证的方法和步骤。每组组长观看教师演示整理凭证的方法,并写下操作步骤和要点。小组长负责教授本组组员,教师提供帮助,指出不足。

2. 4 人一组整理记账凭证。

八、展示本小组所整理的记账凭证,由小组组长投票得出前三名,前三名小组成员每人分别加 3 分、2.5 分、2 分,其他小组成员每人加 1.5 分。

九、活动评价与反馈。

请根据活动情况据实填写表 3-5。

表 3-5　学习活动考核评价表

学习活动名称:　**填制并审核货币资金收支业务相关的记账凭证**

班级:		学号:	姓名:		指导教师:			
评价项目	评价标准		评价依据（信息、佐证）	评价方式			权重	得分小计	总分
				自我评价	小组评价	教师(企业)评价			
				10%	20%	70%			
关键能力	1. 能严格遵守资料查阅要求,服从企业工作安排 2. 能参与小组讨论,相互交流 3. 能积极主动、勤学好问 4. 能清晰、准确表达		1. 课堂实践表现 2. 工作页填写				40%		
专业能力	1. 正确填制凭证 2. 正确审核凭证		1. 课堂实践表现 2. 工作页填写				60%		
指导教师综合评价	指导教师签名:　　　　　　　　　　　　　　　　日期:								

学习活动三　货币资金日常收支业务核算的控制与考核

【学习目标】

1. 撰写工作总结报告。
2. 制作工作总结报告 PPT。
3. 提高语言表达能力和文书撰写能力。

【建议学时】

4 学时

一、评价反馈。

1. 在学习过程中,你能描述货币资金核算的流程吗? 如果不能,请指出困难所在。

2. 在完成任务过程中,你能独立完成任务吗? 如果不能,请写出你认为需要补充的资料。

3. 写出本次学习活动中自己最满意的地方和最不满意的地方(各写两点)。

(1) 最满意的地方：_____

(2) 最不满意的地方：_____

二、财务经理考核。

货币资金业务记账凭证已经整理完毕,财务经理要对大家进行考核,以检验这段时间的工作和学习成果。要求同学们 4 人一组,撰写总结报告,并制作 PPT。

三、活动评价与反馈。

请根据活动情况据实填写表 3-6。

表 3-6 学习活动考核评价表

学习活动名称： 货币资金日常收支业务核算的控制与考核

班级：		学号：	姓名：	指导教师：				
评价项目	评价标准		评价依据（信息、佐证）	评价方式			权重	得分小计	总分
				自我评价	小组评价	教师(企业)评价			
				10%	20%	70%			
关键能力	1. 能严格遵守资料查阅要求，服从企业工作安排 2. 能参与小组讨论，相互交流 3. 能积极主动、勤学好问 4. 能清晰、准确表达		1. 课堂实践表现 2. 工作页填写				40%		
专业能力	1. 工作总结报告书写规范，内容完整 2. PPT条理清晰，美观大方		1. 课堂实践表现 2. PPT				60%		
指导教师综合评价	指导教师签名： 日期：								

学习任务四　日记账的登记和货币资金清查

【学习情境】

经过前期的顶岗实习,同学们已经顺利完成了货币资金业务单据的填制与审核,并根据审核无误的原始凭证编制了记账凭证。现在,财务经理给大家安排了最后一个任务,要求大家根据审核无误的会计凭证登记现金日记账和银行存款日记账,并在登完日记账之后,进行账证核对、账实核对,保证日记账信息的完整性和正确性。

【学习目标】

1. 认知账簿。
2. 描述建账的流程。
3. 通过书本及网络的学习,掌握日记账的登记要求。
4. 根据审核无误的会计凭证,登记现金日记账。
5. 根据审核无误的会计凭证,登记银行存款日记账。
6. 期末,核对现金日记账和银行存款日记账的登记是否正确,并对错账采用正确方法进行更正。
7. 能描述现金清查的流程,正确编制"现金盘点报告单"。
8. 认知银行对账单,正确编制"银行存款余额调节表"。

【基准学时】

12学时

【教学耗材】

1. 现金日记账账页(三栏式)4张
2. 银行存款日记账账页(有对方科目的三栏式)4张
3. 银行存款余额调节表4张

学习活动一　认知账簿、建账及登账要求

【学习目标】

1. 认知账簿。
2. 描述建账的流程。
3. 通过书本及网络学习,列出日记账的登记要求。

【建议学时】

2学时

一、阅读《基础会计》教材中账簿的内容,回答下列问题。

1. 按外形特征,账簿分为_____、_____、_____。
2. 按账页格式,账簿分为_____、_____、_____。
3. 按用途分类,账簿分为_____、_____、_____。
4. 特种日记账,包括_____、_____。
5. 特种日记账,外部特征是_____,账页格式是_____。

二、每组发一本现金日记账,同学仔细观看现金日记账。

写出现金日记账的基本内容包括 _____、_____、_____。

三、观看现金日记账的建账视频微课,描述现金日记账的建账流程。

1. _____
2. _____
3. _____

四、阅读《基础会计》教材中账簿的内容,并利用网络资源,列出账簿的登记要求,小组互评,教师点评。

1. _____
2. _____
3. _____
4. _____
5. _____
6. _____
7. _____
8. _____

五、活动评价与反馈。

请根据活动情况据实填写表4-1。

表4-1 学习活动考核评价表

学习活动名称：认知账簿、建账及登账要求

班级：		学号：	姓名：		指导教师：			
评价项目	评价标准	评价依据（信息、佐证）	评价方式			权重	得分小计	总分
			自我评价 10%	小组评价 20%	教师（企业）评价 70%			
关键能力	1. 能严格遵守资料查阅要求，服从工作安排 2. 能参与小组讨论，相互交流 3. 能积极主动、勤学好问 4. 能清晰、准确表达	1. 课堂提问表现 2. 工作页填写				40%		
专业能力	1. 书写规范，无涂改 2. 正确建立日记账	1. 课堂提问表现 2. 工作页填写				60%		
指导教师综合评价	指导教师签名：				日期：			

学习活动二　登记现金日记账和银行存款日记账

【学习目标】

1. 掌握现金日记账的登记。
2. 掌握银行存款日记账的登记。

【建议学时】

4学时

一、观看现金日记账登账视频微课，描述现金日记账的登账流程。

1. _____

2. _____
3. _____
4. _____
5. _____
6. _____
7. _____

二、每组根据审核无误的会计凭证登记现金日记账。

三、每组根据审核无误的会计凭证登记银行存款日记账。

四、小组互评登账的规范性,教师点评。

五、活动评价与反馈。

请根据活动情况据实填写表 4-2。

表 4-2　学习活动考核评价表

学习活动名称：　登记现金日记账和银行存款日记账　

班级：		学号：	姓名：	指导教师：				
评价项目	评价标准		评价依据（信息、佐证）	评价方式			权重	得分小计	总分
				自我评价	小组评价	教师(企业)评价			
				10%	20%	70%			
关键能力	1. 能严格遵守资料查阅要求,服从工作安排 2. 能参与小组讨论,相互交流 3. 能积极主动、勤学好问 4. 能清晰、准确表达		1. 课堂提问表现 2. 工作页填写				40%		
专业能力	1. 书写规范,无涂改 2. 岗位职责清晰,完成日记账登记和币资金清查 3. 准确、规范登记日记账		1. 课堂提问表现 2. 工作页填写				60%		
指导教师综合评价	指导教师签名：				日期：				

学习活动三　日记账的账证核对及错账更正

【学习目标】

1. 描述账证核对的流程。

2. 掌握每种错账更正方法适用的范围及更正步骤。

【建议学时】

2学时

一、观看对账视频微课，描述对账流程。

1. _____

2. _____

3. _____

二、阅读《基础会计》教材中账簿的内容和利用网络资源，列出每种错账更正方法适用的范围及更正步骤。

（一）划线更正法。

1. 适用范围：_____

2. 更正步骤：

（1）_____

（2）_____

（3）_____

（二）补充登记法。

1. 适用范围：_____

2. 更正步骤：

（1）_____

（2）_____

（三）红字更正法。

情况一：

1. 适用范围：_____

2. 更正步骤：

（1）_____

（2）_____

情况二：

1. 适用范围：_____

2. 更正步骤：

（1）_____

（2）_____

（3）_____

三、观看错账更正视频，掌握每种错账更正的范围和操作步骤。

四、每组核对本组登记的现金日记账和银行存款日记账，如果存在登记错误，请用正确的方法进行更正。

五、活动评价与反馈。

请根据活动情况据实填写表 4-3。

表 4-3　学习活动考核评价表

学习活动名称：__日记账的账证核对及错账更正__

班级：		学号：	姓名：	指导教师：				
评价项目	评价标准		评价依据（信息、佐证）	评价方式			权重	得分小计	总分
				自我评价	小组评价	教师(企业)评价			
				10%	20%	70%			
关键能力	1. 能严格遵守资料查阅要求，服从工作安排 2. 能参与小组讨论，相互交流 3. 能积极主动、勤学好问 4. 能清晰、准确表达		1. 课堂提问表现 2. 工作页填写				40%		
专业能力	1. 书写规范，无涂改 2. 正确完成账证和账账核对 3. 正确更正错账		1. 课堂提问表现 2. 工作页填写				60%		
指导教师综合评价	指导教师签名：			日期：					

学习活动四　库存现金的清查

【学习目标】

1. 描述库存现金清查的流程。
2. 掌握"库存现金盘点报告单"的填制。

【建议学时】

1 学时

一、阅读《基础会计》教材中财产清查的内容,并利用网络资源,描述现金清查的流程。

1. _____
2. _____
3. _____
4. _____
5. _____

二、每组盘点本组的库存现金,根据本组库存现金的盘点情况,填制"库存现金盘点表"(见表4-4)和"库存现金盘点报告单"(见表4-5)。

表 4-4　库存现金盘点表

盘点日期：　　年　月　日

清点现金			核对账目	
货币面值	张数	金额	项目	金额
100			截至盘点日现金账面余额	
50			加：	
20				
10				
5			减：	
2				
1				
0.5				
0.1			调整后现金余额	
现金合计			长款(＋)或短款(－)	

负责人：　　　　会计主管：　　　　出纳：　　　　盘点：

表 4-5　库存现金盘点报告表

年　月　日

单位名称：				
实存金额	账存金额	盈亏情况		备注
		盘盈数	盘亏数	
处理意见：				

主管：　　　　　　　会计：　　　　　　　出纳：

三、活动评价与反馈。

请根据活动情况据实填写表4-6。

表4-6 学习活动考核评价表

学习活动名称：<u>库存现金的清查</u>

班级：		学号：		姓名：		指导教师：			
评价项目	评价标准		评价依据（信息、佐证）	评价方式			权重	得分小计	总分
				自我评价	小组评价	教师（企业）评价			
				10%	20%	70%			
关键能力	1. 能严格遵守资料查阅要求，服从工作安排 2. 能参与小组讨论，相互交流 3. 能积极主动、勤学好问 4. 能清晰、准确表达		1. 课堂提问表现 2. 工作页填写				40%		
专业能力	1. 书写规范，无涂改 2. 正确编制库存现金盘点报告单		1. 课堂提问表现 2. 工作页填写				60%		
指导教师综合评价	指导教师签名：					日期：			

学习活动五　银行存款的清查

【学习目标】

1. 认识对账单。
2. 认识未达账项。
3. 描述银行存款的清查流程。
4. 正确编制"银行存款余额调节表"。

【建议学时】

3学时

一、通过观看小动画,了解银行对账单的获取途径,并填入表 4-7。

表 4-7　企业取得银行对账单的途径

获取途径	需要提供的资料	领取方式和地点

二、阅读银行对账单(见表 4-8),并回答问题。

表 4-8　中国工商银行对账单

户名:江南饼业有限责任公司
开户行:工行南海市南平路支行　　账号:987456123098　　　　　　　币种:人民币
2020 年 4 月 30 日

日期	结算种类	结算号码	摘要	借方	贷方	余额
4.10			借款		50 000.00	52 000.00
4.11			提现	500.00		47 000.00
4.12			签发银行汇票	12 000.00		35 000.00
4.12			水费	987.00		34 013.00

1. 银行存款对账单的记录者是_____,记录的对象是_____。
2. 银行存款日记账的记录者是_____,记录的对象是_____。
3. 连连看(见图 4-1)。

银行存款日记账借方发生额　　　企业银行存款增加　　　银行对账单借方发生额 银行存款日记账贷方发生额

银行存款日记账贷发生额　　　企业银行存款减少　　　银行对账单贷方发生额 银行存款日记账借方发生额

图 4-1　连连看

三、请同学们观看小动画,填写表4-9。

表4-9 答题卡

未达账项的类型	对银行存款日记账余额的影响(+、-)
1	
2	
3	
4	

四、编制银行存款余额调节表。

1. 请观看银行存款的对账视频,描述银行存款的对账流程。

(1) _____

(2) _____

2. 核对江南饼业有限责任公司2020年6月的银行存款日记账(见图4-2、图4-3)和银行对账单(见表4-10),编制6月份的银行存款余额调节表(见表4-11)。

银行存款日记账

2020年		凭证		摘要	对方科目	借方	贷方	余额	核对
月	日	字	号						
6	1			期初余额				208,800	
	1	记	1	借款	短期借款	50,000		258,800	
	1	记	2	收到投资	实收资本	100,000		358800	
	6	记	3	购料	原材料		10,000	348800	
					应交税费—增(进)		1,300	347500	
	8	记	4	销售材料	其他业务收入	5,000		352500	
					应交税费—增(销)		650	353150	
	8	记	5	银行汇票存款	其他货币资金		40,000	313150	
					财务费用		50	313100	
	15	记	6	银行汇票余额收回	其他货币资金	6,100		319,200	
	16	记	7	收到货款	应收账款	8,000		327,200	
	17	记	8	支付罚款	营业外支出		1,050	326,150	
	20	记	9	外埠存款	其他货币资金		10,000	316,150	
					财务费用		30	316,120	
	20	记	10	收到货款	应收账款	20,000		336,120	
	20	记	11	转款至信用卡	其他货币资金		10,000	326,120	
	20	记	12	支付餐费	管理费用		200	325,920	
					应交税费—增(进)		12	325,908	
	21	记	13	支付货款	应付账款		1,090	324,818	
	21	记	14	支付手续费	财务费用		22.6	324,795.40	
	21	记	15	支付票据款	应付票据		22,600	302,195.40	
	21			转次页		189,750	96,354.60	302,195.40	

图4-2 银行存款日记账(1)

银行存款日记账

2020年		凭证		摘要	对方科目	借方	贷方	余额	核对
月	日	字	号						
6	21	记	16	承前页		189,750	96,354.60	302,195.40	
	25	记	17	收回货款	应收账款	169,500		471,695.40	
	26	记	18	收回票据款	应收票据	101,700		573,395.40	
	28	记	19	转款至投资户	其他货币资金		30,000	543,395.40	
	28	记	20	转款至采购户	其他货币资金		50,000	493,395.40	
					财务费用		50	493,345.40	
	28	记	21	购入饼干机	固定资产		40,000	453,345.40	
					应交税费—增（进）		5,200	448,145.40	
	30			本月合计		460,950	221,604.60	448,145.40	

图 4-3　银行存款日记账(2)

表 4-10　中国工商银行对账单

户名：江南饼业有限责任公司

开户行：工行南海市南平路支行　　　　账号：987456123098　　　　币种：人民币

2020 年 6 月 30 日

日期	摘要	结算方式	借方	贷方	余额
6.1	期初余额				208 800.00
6.1	借款			50 000.00	258 800.00
6.3	存现			50 000.00	308 800.00
6.5	投资	转支		100 000.00	408 800.00
6.6	支付货款	转支	11 300.00		397 500.00
6.8	收货款	转支		5 650.00	403 150.00
6.8	签发汇票		40 000.00		363 150.00
6.8	手续费		50.00		363 100.00
6.15	多余款退回			6 100.00	369 200.00
6.15	提现		20 000.00		349 200.00

(续表)

日期	摘要	结算方式	借方	贷方	余额
6.16	收款			8 000.00	327 245.00
6.20	付款	信汇	10 000.00		357 200.00
6.20	手续费		30.00		357 170.00
6.20	收款	信汇		20 000.00	377 170.00
6.25	收款	托收		169 500.00	546 670.00
6.26	付水费	托收	1 090.00		545 580.00
6.27	支付罚款	电子转账	1 050.00		544 530.00
6.27	转信用卡	转支	10 000.00		534 530.00
6.27	手续费		22.60		534 507.40
6.28	转证券	网银	30 000.00		504 507.40
6.28	转异地	电汇	50 000.00		454 507.40
6.28	手续费		50.00		454 457.40
6.30	收款	托收		101 700.00	556 157.40
6.30	利息收入			1 280.00	547 437.40

注：如对账单有误请于 10 日内通知开户行，否则，视为核对无误。

表 4-11　银行存款余额调节表

2020 年 6 月 30 日

项目	金额	项目	金额
银行存款日记账账面余额		银行对账单余额	
加：		加：	
减：		减：	
调节后余额		调节后余额	

五、活动评价与反馈。

请根据活动情况据实填写学习活动评价表（见表 4-12）。

表 4-12 学习活动考核评价表

学习活动名称：<u>银行存款的清查</u>

班级：		学号：	姓名：		指导教师：			
评价项目	评价标准		评价依据（信息、佐证）	评价方式			权重	得分小计	总分
				自我评价	小组评价	教师（企业）评价			
				10%	20%	70%			
关键能力	1. 能严格遵守资料查阅要求，服从工作安排 2. 能参与小组讨论，相互交流 3. 能积极主动、勤学好问 4. 能清晰、准确表达		1. 课堂提问表现 2. 工作页填写				40%		
专业能力	1. 书写规范，无涂改 2. 掌握对账技能 3. 正确编制银行存款余额调节表		1. 课堂提问表现 2. 工作页填写				60%		
指导教师综合评价	指导教师签名：				日期：				

附录1 公司简介

公司名称:江南饼业有限责任公司
统一社会信用代码:91367989669475638M
法人代表:李强
类型:有限责任公司
经营范围:生产销售曲奇饼干和苏打饼干
原料及主料:小麦面粉、淀粉、白砂糖、食用植物油
辅料:小苏打、奶粉
地址:江南省南海市城北工业园创业路228号
电话:0179-82293308
会计主管:张平
会计:李云娜
出纳:刘峰　身份证号:440802198309230812
经手:谢梅芳

基本开户银行:工行南海市南平路支行 987456123098
一般开户银行:中国工商银行南海中山路支行 624856788764613
外埠存款银行:中国工商银行上海支行 955856128930
证券开户银行:中国工商银行南海胜利路支行 624801396312520
☑　☐
单据制作宽度:14.65

附录2 《人民币银行结算账户管理办法》(摘录)

第一章 总则

第一条 为规范人民币银行结算账户(以下简称银行结算账户)的开立和使用,加强银行结算账户管理,维护经济金融秩序稳定,根据《中华人民共和国中国人民银行法》和《中华人民共和国商业银行法》等法律法规,制定本办法。

第二条 存款人在中国境内的银行开立的银行结算账户适用本办法。

本办法所称存款人,是指在中国境内开立银行结算账户的机关、团体、部队、企业、事业单位、其他组织(以下统称单位)、个体工商户和自然人。

本办法所称银行,是指在中国境内经中国人民银行批准经营支付结算业务的政策性银行、商业银行(含外资独资银行、中外合资银行、外国银行分行)、城市信用合作社、农村信用合作社。

本办法所称银行结算账户,是指银行为存款人开立的办理资金收付结算的人民币活期存款账户。

第三条 银行结算账户按存款人分为单位银行结算账户和个人银行结算账户。

(一)存款人以单位名称开立的银行结算账户为单位银行结算账户。单位银行结算账户按用途分为基本存款账户、一般存款账户、专用存款账户、临时存款账户。

个体工商户凭营业执照以字号或经营者姓名开立的银行结算账户纳入单位银行结算账户管理。

(二)存款人凭个人身份证件以自然人名称开立的银行结算账户为个人银行结算账户。

邮政储蓄机构办理银行卡业务开立的账户纳入个人银行结算账户管理。

第四条 单位银行结算账户的存款人只能在银行开立一个基本存款账户。

第五条 存款人应在注册地或住所地开立银行结算账户。符合本办法规定可以在异地(跨省、市、县)开立银行结算账户的除外。

第六条 存款人开立基本存款账户、临时存款账户和预算单位开立专用存款账户实行核准制度,经中国人民银行核准后由开户银行核发开户登记证。但存款人因注册验资需要开立的临时存款账户除外。

第七条 存款人可以自主选择银行开立银行结算账户。除国家法律、行政法规和国务院规定外,任何单位和个人不得强令存款人到指定银行开立银行结算账户。

第八条 银行结算账户的开立和使用应当遵守法律、行政法规,不得利用银行结算账户进行偷逃税款、逃废债务、套取现金及其他违法犯罪活动。

第九条 银行应依法为存款人的银行结算账户信息保密。对单位银行结算账户的存款和有关资料,除国家法律、行政法规另有规定外,银行有权拒绝任何单位或个人查询。对个人银行结算账户的存款和有关资料,除国家法律另有规定外,银行有权拒绝任何单位或个人查询。

第十条 中国人民银行是银行结算账户的监督管理部门。

第二章 银行结算账户的开立

第十一条 基本存款账户是存款人因办理日常转账结算和现金收付需要开立的银行结算账户。下列存款人,可以申请开立基本存款账户:

(一) 企业法人。

(二) 非法人企业。

(三) 机关、事业单位。

(四) 团级(含)以上军队、武警部队及分散执勤的支(分)队。

(五) 社会团体。

(六) 民办非企业组织。

(七) 异地常设机构。

(八) 外国驻华机构。

(九) 个体工商户。

(十) 居民委员会、村民委员会、社区委员会。

(十一) 单位设立的独立核算的附属机构。

(十二) 其他组织。

第十二条 一般存款账户是存款人因借款或其他结算需要,在基本存款账户开户银行以外的银行营业机构开立的银行结算账户。

第十三条 专用存款账户是存款人按照法律、行政法规和规章,对其特定用途资金进行专项管理和使用而开立的银行结算账户。对下列资金的管理与使用,存款人可以申请开立专用存款账户:

(一) 基本建设资金。

(二) 更新改造资金。

(三) 财政预算外资金。

(四) 粮、棉、油收购资金。

(五) 证券交易结算资金。

(六) 期货交易保证金。

(七) 信托基金。

(八) 金融机构存放同业资金。

（九）政策性房地产开发资金。

（十）单位银行卡备用金。

（十一）住房基金。

（十二）社会保障基金。

（十三）收入汇缴资金和业务支出资金。

（十四）党、团、工会设在单位的组织机构经费。

（十五）其他需要专项管理和使用的资金。

收入汇缴资金和业务支出资金，是指基本存款账户存款人附属的非独立核算单位或派出机构发生的收入和支出的资金。

因收入汇缴资金和业务支出资金开立的专用存款账户，应使用隶属单位的名称。

第十四条　临时存款账户是存款人因临时需要并在规定期限内使用而开立的银行结算账户。有下列情况的，存款人可以申请开立临时存款账户：

（一）设立临时机构。

（二）异地临时经营活动。

（三）注册验资。

第十五条　个人银行结算账户是自然人因投资、消费、结算等而开立的可办理支付结算业务的存款账户。有下列情况的，可以申请开立个人银行结算账户：

（一）使用支票、信用卡等信用支付工具的。

（二）办理汇兑、定期借记、定期贷记、借记卡等结算业务的。

自然人可根据需要申请开立个人银行结算账户，也可以在已开立的储蓄账户中选择并向开户银行申请确认为个人银行结算账户。

第十六条　存款人有下列情形之一的，可以在异地开立有关银行结算账户：

（一）营业执照注册地与经营地不在同一行政区域（跨省、市、县）需要开立基本存款账户的。

（二）办理异地借款和其他结算需要开立一般存款账户的。

（三）存款人因附属的非独立核算单位或派出机构发生的收入汇缴或业务支出需要开立专用存款账户的。

（四）异地临时经营活动需要开立临时存款账户的。

（五）自然人根据需要在异地开立个人银行结算账户的。

第十七条　存款人申请开立基本存款账户，应向银行出具下列证明文件：

（一）企业法人，应出具企业法人营业执照正本。

（二）非法人企业，应出具企业营业执照正本。

（三）机关和实行预算管理的事业单位，应出具政府人事部门或编制委员会的批文或登记证书和财政部门同意其开户的证明；非预算管理的事业单位，应出具政府人事部门或编制委员会的批文或登记证书。

（四）军队、武警团级（含）以上单位以及分散执勤的支（分）队，应出具军队军级以上单位财务部门、武警总队财务部门的开户证明。

（五）社会团体，应出具社会团体登记证书，宗教组织还应出具宗教事务管理部门的批文或证明。

（六）民办非企业组织，应出具民办非企业登记证书。

（七）外地常设机构，应出具其驻在地政府主管部门的批文。

（八）外国驻华机构，应出具国家有关主管部门的批文或证明；外资企业驻华代表处、办事处应出具国家登记机关颁发的登记证。

（九）个体工商户，应出具个体工商户营业执照正本。

（十）居民委员会、村民委员会、社区委员会，应出具其主管部门的批文或证明。

（十一）独立核算的附属机构，应出具其主管部门的基本存款账户开户登记证和批文。

（十二）其他组织，应出具政府主管部门的批文或证明。

本条中的存款人为从事生产、经营活动纳税人的，还应出具税务部门颁发的税务登记证。

第十八条 存款人申请开立一般存款账户，应向银行出具其开立基本存款账户规定的证明文件、基本存款账户开户登记证和下列证明文件：

（一）存款人因向银行借款需要，应出具借款合同。

（二）存款人因其他结算需要，应出具有关证明。

第十九条 存款人申请开立专用存款账户，应向银行出具其开立基本存款账户规定的证明文件、基本存款账户开户登记证和下列证明文件：

（一）基本建设资金、更新改造资金、政策性房地产开发资金、住房基金、社会保障基金，应出具主管部门批文。

（二）财政预算外资金，应出具财政部门的证明。

（三）粮、棉、油收购资金，应出具主管部门批文。

（四）单位银行卡备用金，应按照中国人民银行批准的银行卡章程的规定出具有关证明和资料。

（五）证券交易结算资金，应出具证券公司或证券管理部门的证明。

（六）期货交易保证金，应出具期货公司或期货管理部门的证明。

（七）金融机构存放同业资金，应出具其证明。

（八）收入汇缴资金和业务支出资金，应出具基本存款账户存款人有关的证明。

（九）党、团、工会设在单位的组织机构经费，应出具该单位或有关部门的批文或证明。

（十）其他按规定需要专项管理和使用的资金，应出具有关法规、规章或政府部门的有关文件。

第二十条 合格境外机构投资者在境内从事证券投资开立的人民币特殊账户和人民币结算资金账户纳入专用存款账户管理。其开立人民币特殊账户时应出具国家外汇管理部门的批复文件，开立人民币结算资金账户时应出具证券管理部门的证券投资业务许可证。

第二十一条 存款人申请开立临时存款账户，应向银行出具下列证明文件：

（一）临时机构，应出具其驻在地主管部门同意设立临时机构的批文。

（二）异地建筑施工及安装单位，应出具其营业执照正本或其隶属单位的营业执照正本，以及施工及安装地建设主管部门核发的许可证或建筑施工及安装合同。

（三）异地从事临时经营活动的单位，应出具其营业执照正本以及临时经营地工商行政管理部门的批文。

（四）注册验资资金，应出具工商行政管理部门核发的企业名称预先核准通知书或有关部门的批文。

本条第二、三项还应出具其基本存款账户开户登记证。

第二十二条 存款人申请开立个人银行结算账户，应向银行出具下列证明文件：

（一）中国居民，应出具居民身份证或临时身份证。

（二）中国人民解放军军人，应出具军人身份证件。

（三）中国人民武装警察，应出具武警身份证件。

（四）香港、澳门居民，应出具港澳居民往来内地通行证；台湾居民，应出具台湾居民来往大陆通行证或者其他有效旅行证件。

（五）外国公民，应出具护照。

（六）法律、法规和国家有关文件规定的其他有效证件。

银行为个人开立银行结算账户时，根据需要还可要求申请人出具户口簿、驾驶执照、护照等有效证件。

第二十三条 存款人需要在异地开立单位银行结算账户，除出具本办法第十七条、十八条、十九条、二十一条规定的有关证明文件外，应出具下列相应的证明文件：

（一）经营地与注册地不在同一行政区域的存款人，在异地开立基本存款账户的，应出具注册地中国人民银行分支行的未开立基本存款账户的证明。

（二）异地借款的存款人，在异地开立一般存款账户的，应出具在异地取得贷款的借款合同。

（三）因经营需要在异地办理收入汇缴和业务支出的存款人，在异地开立专用存款账户的，应出具隶属单位的证明。

属本条第二、三项情况的，还应出具其基本存款账户开户登记证。

存款人需要在异地开立个人银行结算账户，应出具本办法第二十二条规定的证明文件。

第二十四条 单位开立银行结算账户的名称应与其提供的申请开户的证明文件的名称全称相一致。有字号的个体工商户开立银行结算账户的名称应与其营业执照的字号相一致；无字号的个体工商户开立银行结算账户的名称，由"个体户"字样和营业执照记载的经营者姓名组成。自然人开立银行结算账户的名称应与其提供的有效身份证件中的名称全称相一致。

第二十五条　银行为存款人开立一般存款账户、专用存款账户和临时存款账户的,应自开户之日起3个工作日内书面通知基本存款账户开户银行。

第二十六条　存款人申请开立单位银行结算账户时,可由法定代表人或单位负责人直接办理,也可授权他人办理。

由法定代表人或单位负责人直接办理的,除出具相应的证明文件外,还应出具法定代表人或单位负责人的身份证件;授权他人办理的,除出具相应的证明文件外,还应出具其法定代表人或单位负责人的授权书及其身份证件,以及被授权人的身份证件。

第二十七条　存款人申请开立银行结算账户时,应填制开户申请书。开户申请书按照中国人民银行的规定记载有关事项。

第二十八条　银行应对存款人的开户申请书填写的事项和证明文件的真实性、完整性、合规性进行认真审查。

开户申请书填写的事项齐全,符合开立基本存款账户、临时存款账户和预算单位专用存款账户条件的,银行应将存款人的开户申请书、相关的证明文件和银行审核意见等开户资料报送中国人民银行当地分支行,经其核准后办理开户手续;符合开立一般存款账户、其他专用存款账户和个人银行结算账户条件的,银行应办理开户手续,并于开户之日起5个工作日内向中国人民银行当地分支行备案。

第二十九条　中国人民银行应于2个工作日内对银行报送的基本存款账户、临时存款账户和预算单位专用存款账户的开户资料的合规性予以审核,符合开户条件的,予以核准;不符合开户条件的,应在开户申请书上签署意见,连同有关证明文件一并退回报送银行。

第三十条　银行为存款人开立银行结算账户,应与存款人签订银行结算账户管理协议,明确双方的权利与义务。除中国人民银行另有规定的以外,应建立存款人预留签章卡片,并将签章式样和有关证明文件的原件或复印件留存归档。

第三十一条　开户登记证是记载单位银行结算账户信息的有效证明,存款人应按本办法的规定使用,并妥善保管。

第三十二条　银行在为存款人开立一般存款账户、专用存款账户和临时存款账户时,应在其基本存款账户开户登记证上登记账户名称、账号、账户性质、开户银行、开户日期,并签章。但临时机构和注册验资需要开立的临时存款账户除外。

第三章　银行结算账户的使用

第三十三条　基本存款账户是存款人的主办账户。存款人日常经营活动的资金收付及其工资、奖金和现金的支出,应通过该账户办理。

第三十四条　一般存款账户用于办理存款人借款转存、借款归还和其他结算的资金收付。该账户可以办理现金缴存,但不得办理现金支取。

第三十五条　专用存款账户用于办理各项专用资金的收付。

单位银行卡账户的资金必须由其基本存款账户转账存入。该账户不得办理现金收付业务。

财政预算外资金、证券交易结算资金、期货交易保证金和信托基金专用存款账户不得支取现金。

基本建设资金、更新改造资金、政策性房地产开发资金、金融机构存放同业资金账户需要支取现金的，应在开户时报中国人民银行当地分支行批准。中国人民银行当地分支行应根据国家现金管理的规定审查批准。

粮、棉、油收购资金、社会保障基金、住房基金和党、团、工会经费等专用存款账户支取现金应按照国家现金管理的规定办理。

收入汇缴账户除向其基本存款账户或预算外资金财政专用存款户划缴款项外，只收不付，不得支取现金。业务支出账户除从其基本存款账户拨入款项外，只付不收，其现金支取必须按照国家现金管理的规定办理。

银行应按照本条的各项规定和国家对粮、棉、油收购资金使用管理规定加强监督，对不符合规定的资金收付和现金支取，不得办理。但对其他专用资金的使用不负监督责任。

第三十六条　临时存款账户用于办理临时机构以及存款人临时经营活动发生的资金收付。

临时存款账户应根据有关开户证明文件确定的期限或存款人的需要确定其有效期限。存款人在账户的使用中需要延长期限的，应在有效期限内向开户银行提出申请，并由开户银行报中国人民银行当地分支行核准后办理展期。临时存款账户的有效期最长不得超过 2 年。

临时存款账户支取现金，应按照国家现金管理的规定办理。

第三十七条　注册验资的临时存款账户在验资期间只收不付，注册验资资金的汇缴人应与出资人的名称一致。

第三十八条　存款人开立单位银行结算账户，自正式开立之日起 3 个工作日后，方可办理付款业务。但注册验资的临时存款账户转为基本存款账户和因借款转存开立的一般存款账户除外。

第三十九条　个人银行结算账户用于办理个人转账收付和现金存取。下列款项可以转入个人银行结算账户：

（一）工资、奖金收入。

（二）稿费、演出费等劳务收入。

（三）债券、期货、信托等投资的本金和收益。

（四）个人债权或产权转让收益。

（五）个人贷款转存。

（六）证券交易结算资金和期货交易保证金。

（七）继承、赠与款项。

（八）保险理赔、保费退还等款项。

（九）纳税退还。

（十）农、副、矿产品销售收入。

（十一）其他合法款项。

第四十条 单位从其银行结算账户支付给个人银行结算账户的款项，每笔超过5万元的，应向其开户银行提供下列付款依据：

（一）代发工资协议和收款人清单。

（二）奖励证明。

（三）新闻出版、演出主办等单位与收款人签订的劳务合同或支付给个人款项的证明。

（四）证券公司、期货公司、信托投资公司、奖券发行或承销部门支付或退还给自然人款项的证明。

（五）债权或产权转让协议。

（六）借款合同。

（七）保险公司的证明。

（八）税收征管部门的证明。

（九）农、副、矿产品购销合同。

（十）其他合法款项的证明。

从单位银行结算账户支付给个人银行结算账户的款项应纳税的，税收代扣单位付款时应向其开户银行提供完税证明。

第四十一条 有下列情形之一的，个人应出具本办法第四十条规定的有关收款依据。

（一）个人持出票人为单位的支票向开户银行委托收款，将款项转入其个人银行结算账户的。

（二）个人持申请人为单位的银行汇票和银行本票向开户银行提示付款，将款项转入其个人银行结算账户的。

第四十二条 单位银行结算账户支付给个人银行结算账户款项的，银行应按第四十条、第四十一条规定认真审查付款依据或收款依据的原件，并留存复印件，按会计档案保管。未提供相关依据或相关依据不符合规定的，银行应拒绝办理。

第四十三条 储蓄账户仅限于办理现金存取业务，不得办理转账结算。

第四十四条 银行应按规定与存款人核对账务。银行结算账户的存款人收到对账单或对账信息后，应及时核对账务并在规定期限内向银行发出对账回单或确认信息。

第四十五条 存款人应按照本办法的规定使用银行结算账户办理结算业务。

存款人不得出租、出借银行结算账户，不得利用银行结算账户套取银行信用。

第四章 银行结算账户的变更与撤销

第四十六条 存款人更改名称，但不改变开户银行及账号的，应于5个工作日内向开户银行提出银行结算账户的变更申请，并出具有关部门的证明文件。

第四十七条 单位的法定代表人或主要负责人、住址以及其他开户资料发生变更时，应于5个工作日内书面通知开户银行并提供有关证明。

第四十八条 银行接到存款人的变更通知后，应及时办理变更手续，并于2个工作日内向中国人民银行报告。

第四十九条 有下列情形之一的，存款人应向开户银行提出撤销银行结算账户的申请：

（一）被撤并、解散、宣告破产或关闭的。

（二）注销、被吊销营业执照的。

（三）因迁址需要变更开户银行的。

（四）其他原因需要撤销银行结算账户的。

存款人有本条第一、二项情形的，应于5个工作日内向开户银行提出撤销银行结算账户的申请。

本条所称撤销是指存款人因开户资格或其他原因终止银行结算账户使用的行为。

第五十条 存款人因本办法第四十九条第一、二项原因撤销基本存款账户的，存款人基本存款账户的开户银行应自撤销银行结算账户之日起2个工作日内将撤销该基本存款账户的情况书面通知该存款人其他银行结算账户的开户银行；存款人其他银行结算账户的开户银行，应自收到通知之日起2个工作日内通知存款人撤销有关银行结算账户；存款人应自收到通知之日起3个工作日内办理其他银行结算账户的撤销。

第五十一条 银行得知存款人有本办法第四十九条第一、二项情况，存款人超过规定期限未主动办理撤销银行结算账户手续的，银行有权停止其银行结算账户的对外支付。

第五十二条 未获得工商行政管理部门核准登记的单位，在验资期满后，应向银行申请撤销注册验资临时存款账户，其账户资金应退还给原汇款人账户。注册验资资金以现金方式存入，出资人需提取现金的，应出具缴存现金时的现金缴款单原件及其有效身份证件。

第五十三条 存款人尚未清偿其开户银行债务的，不得申请撤销该账户。

第五十四条 存款人撤销银行结算账户，必须与开户银行核对银行结算账户存款余额，交回各种重要空白票据及结算凭证和开户登记证，银行核对无误后方可办理销户手续。存款人未按规定交回各种重要空白票据及结算凭证的，应出具有关证明，造成损失的，由其自行承担。

第五十五条 银行撤销单位银行结算账户时应在其基本存款账户开户登记证上注明销户日期并签章，同时于撤销银行结算账户之日起2个工作日内，向中国人民银行报告。

第五十六条 银行对一年未发生收付活动且未欠开户银行债务的单位银行结算账户，应通知单位自发出通知之日起30日内办理销户手续，逾期视同自愿销户，未划转款项列入久悬未取专户管理。

第五章 银行结算账户的管理

第五十七条 中国人民银行负责监督、检查银行结算账户的开立和使用,对存款人、银行违反银行结算账户管理规定的行为予以处罚。

第五十八条 中国人民银行对银行结算账户的开立和使用实施监控和管理。

第五十九条 中国人民银行负责基本存款账户、临时存款账户和预算单位专用存款账户开户登记证的管理。

任何单位及个人不得伪造、变造及私自印制开户登记证。

第六十条 银行负责所属营业机构银行结算账户开立和使用的管理,监督和检查其执行本办法的情况,纠正违规开立和使用银行结算账户的行为。

第六十一条 银行应明确专人负责银行结算账户的开立、使用和撤销的审查和管理,负责对存款人开户申请资料的审查,并按照本办法的规定及时报送存款人开销户信息资料,建立健全开销户登记制度,建立银行结算账户管理档案,按会计档案进行管理。

银行结算账户管理档案的保管期限为银行结算账户撤销后10年。

第六十二条 银行应对已开立的单位银行结算账户实行年检制度,检查开立的银行结算账户的合规性,核实开户资料的真实性;对不符合本办法规定开立的单位银行结算账户,应予以撤销。对经核实的各类银行结算账户的资料变动情况,应及时报告中国人民银行当地分支行。

银行应对存款人使用银行结算账户的情况进行监督,对存款人的可疑支付应按照中国人民银行规定的程序及时报告。

第六十三条 存款人应加强对预留银行签章的管理。单位遗失预留公章或财务专用章的,应向开户银行出具书面申请、开户登记证、营业执照等相关证明文件;更换预留公章或财务专用章时,应向开户银行出具书面申请、原预留签章的式样等相关证明文件。个人遗失或更换预留个人印章或更换签字人时,应向开户银行出具经签名确认的书面申请,以及原预留印章或签字人的个人身份证件。银行应留存相应的复印件,并凭以办理预留银行签章的变更。

第六章 罚 则

第六十四条 存款人开立、撤销银行结算账户,不得有下列行为:

(一)违反本办法规定开立银行结算账户。

(二)伪造、变造证明文件欺骗银行开立银行结算账户。

(三)违反本办法规定不及时撤销银行结算账户。

非经营性的存款人,有上述所列行为之一的,给予警告并处以1 000元的罚款;经营性的存款人有上述所列行为之一的,给予警告并处以1万元以上3万元以下的罚款;构成犯罪的,移交司法机关依法追究刑事责任。

第六十五条 存款人使用银行结算账户,不得有下列行为:

（一）违反本办法规定将单位款项转入个人银行结算账户。

（二）违反本办法规定支取现金。

（三）利用开立银行结算账户逃废银行债务。

（四）出租、出借银行结算账户。

（五）从基本存款账户之外的银行结算账户转账存入、将销货收入存入或现金存入单位信用卡账户。

（六）法定代表人或主要负责人、存款人地址以及其他开户资料的变更事项未在规定期限内通知银行。

非经营性的存款人有上述所列一至五项行为的，给予警告并处以1 000元罚款；经营性的存款人有上述所列一至五项行为的，给予警告并处以5 000元以上3万元以下的罚款；存款人有上述所列第六项行为的，给予警告并处以1 000元的罚款。

第六十六条 银行在银行结算账户的开立中，不得有下列行为：

（一）违反本办法规定为存款人多头开立银行结算账户。

（二）明知或应知是单位资金，而允许以自然人名称开立账户存储。

银行有上述所列行为之一的，给予警告，并处以5万元以上30万元以下的罚款；对该银行直接负责的高级管理人员、其他直接负责的主管人员、直接责任人员按规定给予纪律处分；情节严重的，中国人民银行有权停止对其开立基本存款账户的核准，责令该银行停业整顿或者吊销经营金融业务许可证；构成犯罪的，移交司法机关依法追究刑事责任。

第六十七条 银行在银行结算账户的使用中，不得有下列行为：

（一）提供虚假开户申请资料欺骗中国人民银行许可开立基本存款账户、临时存款账户、预算单位专用存款账户。

（二）开立或撤销单位银行结算账户，未按本办法规定在其基本存款账户开户登记证上予以登记、签章或通知相关开户银行。

（三）违反本办法第四十二条规定办理个人银行结算账户转账结算。

（四）为储蓄账户办理转账结算。

（五）违反规定为存款人支付现金或办理现金存入。

（六）超过期限或未向中国人民银行报送账户开立、变更、撤销等资料。

银行有上述所列行为之一的，给予警告，并处以5 000元以上3万元以下的罚款；对该银行直接负责的高级管理人员、其他直接负责的主管人员、直接责任人员按规定给予纪律处分；情节严重的，中国人民银行有权停止对其开立基本存款账户的核准，构成犯罪的，移交司法机关依法追究刑事责任。

第六十八条 违反本办法规定，伪造、变造、私自印制开户登记证的存款人，属非经营性的处以1 000元罚款；属经营性的处以1万元以上3万元以下的罚款；构成犯罪的，移交司法机关依法追究刑事责任。

第七章 附 则

第六十九条 开户登记证由中国人民银行总行统一式样，中国人民银行各分行、营业管理部、省会(首府)城市中心支行负责监制。

第七十条 本办法由中国人民银行负责解释、修改。

第七十一条 本办法自 2003 年 9 月 1 日起施行。1994 年 10 月 9 日中国人民银行发布的《银行账户管理办法》同时废止。

附录3 中国人民银行关于取消企业银行账户许可的通知

银发〔2019〕41号

中国人民银行上海总部,各分行、营业管理部,各省会(首府)城市中心支行,深圳市中心支行;国家开发银行,各政策性银行、国有商业银行、股份制商业银行、中国邮政储蓄银行:

2018年12月24日国务院常务会议决定,在分批试点基础上,2019年底前完全取消企业银行账户许可。为贯彻落实国务院常务会议决定,确保全国分批取消企业银行账户许可工作稳妥实施,现就有关事项通知如下:

一、总体要求

深入贯彻落实党的十九大精神、中央经济工作会议、第五次全国金融工作会议部署和"放管服"改革要求,按照国务院常务会议决定在全国分批取消企业银行账户许可,优化企业银行账户服务,强化银行账户管理职责,全面加强事中事后监管,切实做到"两个不减、两个加强",即企业开户便利度不减、风险防控力不减,优化企业银行账户服务要加强、账户管理要加强,全面提升服务实体经济水平,支持企业尤其是民营企业、小微企业高质量发展。

二、工作安排

自2019年2月25日起,取消企业银行账户许可地区范围由江苏省泰州市、浙江省台州市扩大至江苏省、浙江省。

其他各省(区、市)、深圳市在2019年年底前完成取消企业银行账户许可工作。

三、取消许可业务范围

境内依法设立的企业法人、非法人企业、个体工商户(以下统称企业)在银行办理基本存款账户、临时存款账户业务(含企业在取消账户许可前已开立基本存款账户、临时存款账户的变更和撤销业务),由核准制改为备案制,人民银行不再核发开户许可证。

机关、事业单位等其他单位办理银行账户业务仍按现行银行账户管理制度执行。机关、实行预算管理的事业单位开立基本存款账户、临时存款账户和专用存款账户,应经财政部门批准并经人民银行核准,另有规定的除外。

四、业务管理

取消企业银行账户许可后,企业基本存款账户、临时存款账户开立、变更、撤销以及企业银行账户管理,要遵循《企业银行结算账户管理办法》(附件1)执行。银行为企业开立、变更、撤销基本存款账户、临时存款账户,要通过人民币银行结算账户管理系统(以下简称账户管理系统)向人民银行当地分支机构备案。

银行为企业开立、变更、撤销一般存款账户、专用存款账户,应按照《人民币银行结算账户管理办法》(中国人民银行令〔2003〕第5号发布)等规定,对企业应当出具的证明文件进行严格审查,防止企业违规开户或随意开立银行账户。

五、准备工作

人民银行省会(首府)城市中心支行以上分支机构和深圳市中心支行(以下统称人民银行省级分支机构)要按照取消企业银行账户许可地区进展情况,结合本地实际,做好相关组织实施工作。

(一)业务准备。

1. 制度修订。人民银行分支机构要制定辖区内企业银行账户监督管理、取消企业银行账户许可宣传等方案。银行要完成相关企业银行账户管理、内控合规、业务考核、责任追究等制度以及企业银行账户管理协议修订工作,并报当地人民银行分支机构备案。

2. 业务培训。人民银行分支机构要组织或协助银行组织完成对银行柜员、账户管理人员、客户经理、客服人员等相关人员的业务培训。

3. 对外公告。银行要按所在地人民银行分支机构部署,在每个对公网点张贴《关于取消企业银行账户许可的公告》(附件2)。

4. 公布咨询与投诉电话。人民银行分支机构要以适当形式公布业务咨询与投诉电话。各银行网点应在营业大厅及官方网站醒目位置公布取消企业银行账户许可业务24小时咨询与投诉电话。

(二)技术准备。

1. 账户管理系统。人民银行省级分支机构要对当地账户管理系统能否支撑取消企业银行账户许可可行性进行评估,组织开展账户管理系统压力测试,并视情况优化账户管理系统,确保系统运行平稳。

人民银行总行进行账户管理系统升级后,人民银行分支机构要组织辖区内银行增设四级操作员,用于办理企业基本存款账户、临时存款账户备案等业务。

2. 银行业务系统。各银行要及时完成相关行内系统改造,实现企业银行账户业务管理功能。

(三)应急准备。

1. 业务应急。账户管理系统发生突发事件的,人民银行分支机构、银行要按照《企业银行结算账户业务应急预案》(附件3)办理相关业务。人民银行分支机构、银行要结合实际,细化本地区、本单位企业银行账户业务应急预案,完善业务应急处理机制,确保业务连续性。

2. 技术应急。人民银行省级分支机构要建立健全辖区内账户管理系统运行监控机制,密切监控系统业务并发量等关键指标和网络连接情况,制定系统突发事件技术应急预案。银行要完善本银行业务系统技术应急管理,强化应急保障,提升应急处理能力。

六、工作要求

(一)加强组织领导,明确工作责任。

1. 人民银行总行。支付结算部门负责制定相关业务管理办法、应急预案,会同相关部门开展企业银行账户监督检查,加强企业银行账户开立、变更、撤销异常监测分析,督促指导银行防止企业多头开户和账户数量异常增加,推动建立涉企信息共享机制和企业银行账户违规联合惩戒机制。科技部门负责做好各项技术保障工作,组织账户管理系统运行维护和系统改造,确保系统稳定运行和业务连续性。反洗钱部门负责监督银行严格执行各项反洗钱法律法规制度,落实客户身份识别要求,做好可疑交易监测工作,防范利用企业银行账户从事洗钱和恐怖融资活动风险。

2. 人民银行分支机构。成立主要负责同志任组长的工作领导小组,组织做好本辖区取消企业银行账户许可工作。会同当地监管部门对辖区内企业银行账户业务进行监督管理,对辖区内账户风险承担直接监管责任。加强对银行尤其是对中小银行的指导和监督。加强企业银行账户事后核查,防止企业多头开户。加强企业银行账户开立、变更、撤销异常监测分析,及时发现辖区内企业银行账户数量异常增加情况并予以纠正。推动银行建立企业银行账户业务自律机制。在风险可控前提下,减轻银行报送资料等方面负担,优化对银行服务。推动与当地市场监管、工业和信息化、税务等部门信息共享。推动建立对严重失信企业及其法定代表人或单位负责人联合惩戒机制。

3. 银行。成立分管负责同志任组长的工作领导小组,组织做好本单位取消企业银行账户许可工作。强化企业银行账户管理,加强企业银行账户开立、变更、撤销异常监测分析,防止和纠正企业多头开户和账户数量异常增加。全面、独立承担企业银行账户合法合规主体责任,对企业银行账户实施全生命周期管理,减少存量账户风险,遏制新增账户风险。优化企业银行账户服务。

(二)消除风险隐患,强化应急保障。

1. 加强系统运维。人民银行省级分支机构、银行要提升安全生产意识,强化责任落实,确保账户业务相关系统安全稳定运行、账户业务连续处理。做好机房巡查、系统运维、备份管理等工作,密切监视账户业务相关系统的业务并发量等关键指标和网络连接情况,消除风险隐患。

2. 加强应急管理。人民银行省级分支机构、银行要结合本辖区、本单位实际,开展场景预演,预判风险。建立健全企业银行账户业务应急预案,明确各类突发事件防范措施和处置程序,责任到岗到人,确保突发事件快速响应、及时上报、有效应对。组织开展压力测试和应急演练,提升应急处置能力。

(三)专项打击治理,严肃问责追究。

1. 开展账户专项治理行动。人民银行总行将结合打击电信网络新型违法犯罪专项行动,联合公安部门、监管机构开展银行账户专项打击治理行动,重点整治企业多头开户、乱开账户、出租、出借、出售账户等行为。人民银行分支机构要在做好取消企业银行账户许可的同时,适时组织开展辖区内银行存量企业银行账户清理、核查工作,对违反规定开立、使用的存量企业银行账户及时纠正、处理。

2. 加强企业银行账户业务监测。人民银行分支机构、银行要加强企业银行账户开立、变更、撤销监测分析,发现企业银行账户业务异常的,要及时调查处理。

3. 建立健全通报和问责机制。对于企业银行账户服务较差、造成恶劣影响,或者出现大面积账户风险事件的银行,人民银行总行和分支机构依法查处、严厉处罚,并建议纪检监察部门予以问责。对监管不力,导致辖区内企业银行账户服务较差、造成恶劣影响,或者出现大面积账户风险事件的人民银行分支机构,人民银行总行将进行通报并问责。对应急保障不力并造成严重后果的单位和个人依据有关规定问责。

(四)广泛宣传培训,营造良好氛围。

1. 加强宣传。人民银行分支机构、银行要综合运用解读文章、海报、动漫等各种宣传方式,利用电视、广播、报纸、微博、微信、微视频等各种宣传渠道,向政府部门、企业、社会公众开展取消企业银行账户许可宣传。加强对开户企业负责人、财务人员的宣传培训,让企业了解政策、用好政策。

2. 加强舆情收集。人民银行分支机构、银行要积极引导、密切关注辖区内取消企业银行账户许可前后舆情信息,收集各方面声音,做好舆论引导工作,尽力消除误解。对需企业配合事项,银行要耐心做好沟通解释工作。

(五)加强信息沟通,及时总结报告。

1. 及时报送工作情况。取消企业银行账户许可的地区,实施取消许可第一周,当地人民银行省级分支机构要于每日19:00前将《企业银行账户情况统计表》(模板见附件4)报人民银行总行。此后,应于次月5个工作日内,将上月有关情况和《企业银行账户情况统计表》报人民银行总行,直至2019年底。遇重大问题和情况,人民银行分支机构、银行应立即报告人民银行总行。

2. 及时总结报告。人民银行省级分支机构、银行要在2019年底前全面总结本辖区内、本单位取消企业银行账户许可情况,并报告人民银行总行。人民银行总行将对工作组织有力、成效显著、业绩突出的单位和个人进行通报表扬。

请人民银行省级分支机构及时将本通知转发至辖区内人民银行分支机构和银行。

附件1.企业银行结算账户管理办法

附件2.关于取消企业银行账户许可的公告

附件3.企业银行结算账户业务应急预案

附件4.企业银行账户情况统计表

附件1　企业银行结算账户管理办法

第一章　总　则

第一条　为规范企业银行结算账户业务处理,加强企业银行结算账户管理,维护经济金融秩序稳定,根据《中华人民共和国中国人民银行法》《中华人民共和国商业银行法》《中华人民共和国反洗钱法》《人民币银行结算账户管理办法》(中国人民银行令〔2003〕第5号发布)《中国人民银行令》(〔2019〕第1号发布)等规定,制定本办法。

第二条 银行业金融机构(以下简称银行)为境内依法设立的企业法人、非法人企业、个体工商户(以下统称企业)办理银行结算账户业务适用本办法。

本办法所称银行结算账户是指《人民币银行结算账户管理办法》规定的基本存款账户、一般存款账户、专用存款账户、临时存款账户。

第三条 企业开立、变更、撤销基本存款账户、临时存款账户实行备案制。

企业只能在银行开立一个基本存款账户,不得开立两个(含)以上基本存款账户。

第四条 银行应当制定企业银行结算账户业务管理、操作规程、业务考核、内部控制、责任追究等管理制度,并报当地人民银行分支机构备案。

第五条 银行应当按规定履行客户身份识别义务,落实账户实名制,不得为企业开立匿名账户或者假名账户,不得为身份不明的企业提供服务或者与其进行交易。

银行应当全面、独立承担企业银行结算账户合法合规主体责任,对企业银行结算账户实施全生命周期管理,防范不法分子利用企业银行结算账户从事违法犯罪活动。

第六条 人民银行总行对人民银行分支机构企业银行结算账户监管进行指导、监督和检查,会同监管部门依法对银行办理企业银行结算账户业务情况进行监督管理。

人民银行分支机构会同当地监管部门按照属地原则对辖区内银行办理企业银行结算账户业务进行监督管理,对辖区内银行结算账户风险承担直接监管责任。

第二章 账户开立与使用

第七条 企业申请开立银行结算账户,应当按规定提交开户申请书,并出具下列开户证明文件:

(一)营业执照。

(二)法定代表人或单位负责人有效身份证件。

(三)法定代表人或单位负责人授权他人办理的,还应出具法定代表人或单位负责人的授权书以及被授权人的有效身份证件。

(四)《人民币银行结算账户管理办法》等规定的其他开户证明文件。

企业应当对开户申请书所列事项及相关开户证明文件的真实、有效性负责。

第八条 银行应当审核企业开户证明文件的真实性、完整性和合规性,开户申请人与开户证明文件所属人的一致性,以及企业开户意愿的真实性。

第九条 企业申请开立基本存款账户的,银行应当通过人民币银行结算账户管理系统(以下简称账户管理系统)审核企业基本存款账户唯一性,未通过唯一性审核的不得为其开立基本存款账户。

银行通过账户管理系统审核企业基本存款账户唯一性时,应当在系统中准确录入企业名称、统一社会信用代码、注册地地区代码等信息。

第十条　企业申请开立基本存款账户的,银行应当向企业法定代表人或单位负责人核实企业开户意愿,并留存相关工作记录。

银行可采取面对面、视频等方式向企业法定代表人或单位负责人核实开户意愿,具体方式由银行根据客户风险程度选择。

第十一条　企业开立一般存款账户、专用存款账户的,银行应当遵守《人民币银行结算账户管理办法》(中国人民银行令〔2003〕第5号发布)等规定,对企业应当出具的开户证明文件进行严格要求和审查,并判断企业开户合理性,防止企业违规开立或随意开立银行账户。

第十二条　企业存在异常开户情形的,银行应当按照反洗钱等规定采取延长开户审查期限、强化客户尽职调查等措施,必要时应当拒绝开户。

第十三条　经审核符合开立条件的,银行应当与企业签订银行结算账户管理协议,予以开立银行结算账户。

第十四条　银行结算账户管理协议应当明确银行与企业双方的权利、义务和责任,内容包括但不限于:

(一)银行与开户申请人办理银行结算账户业务应当遵守法律、行政法规以及人民银行的有关规定,不得利用银行结算账户从事各类违法犯罪活动。

(二)企业银行结算账户信息变更及撤销的情形、方式、时限。

(三)银行控制账户交易措施的情形和处理方式。

(四)其他需要约定的内容。

银行应当在银行结算账户管理协议中以醒目方式向企业展示其义务和责任条款,并明确告知企业。

第十五条　银行为企业开立基本存款账户、临时存款账户后应当立即至迟于当日将开户信息通过账户管理系统向当地人民银行分支机构备案,并在2个工作日内将开户资料复印件或影像报送当地人民银行分支机构。

银行完成企业基本存款账户信息备案后,账户管理系统生成基本存款账户编号,并在企业基本信息"经营范围"中标注"取消开户许可证核发"字样。银行应当通过账户管理系统打印《基本存款账户信息》(式样见附)和存款人查询密码,并交付企业。

企业基本存款账户编号代替原基本存款账户核准号使用。

第十六条　持有基本存款账户编号的企业申请开立一般存款账户、专用存款账户、临时存款账户时,应当提供基本存款账户编号。

银行应当通过账户管理系统查询企业基本存款账户"经营范围"是否含有"取消开户许可证核发"字样,核实企业是否持有基本存款账户编号。

第十七条　企业银行结算账户,自开立之日即可办理收付款业务。

第十八条　企业可以向基本存款账户开户银行申请重置存款人查询密码。

企业申请重置存款人查询密码的,银行应当审核企业法定代表人或单位负责人有效身份证件;授权他人办理的,还应当审核法定代表人或单位负责人的授权书及被授权人的有效身份证件。

第三章　账户变更与撤销

第十九条　企业名称、法定代表人或者单位负责人以及其他开户证明文件发生变更时,企业应当按规定向开户银行提出变更申请。

第二十条　银行应当对企业银行结算账户变更申请进行审核。经审核符合变更条件的,银行为企业办理变更手续。

企业变更取消许可前开立的基本存款账户、临时存款账户名称、法定代表人或单位负责人的,银行应当收回原开户许可证原件。企业遗失原开户许可证的,可出具相关说明。

第二十一条　银行发现企业名称、法定代表人或单位负责人发生变更的,应当及时通知企业办理变更手续。

企业自通知送达之日起合理期限内仍未办理变更手续,且未提出合理理由的,银行有权采取措施适当控制账户交易。

第二十二条　企业营业执照、法定代表人或单位负责人有效身份证件列明有效期的,银行应当于到期日前提示企业及时更新。

企业营业执照、法定代表人或单位负责人有效身份证件有效期到期后合理期限内仍未更新,且未提出合理理由的,银行应当按照《金融机构客户身份识别和客户身份资料及交易记录保存管理办法》(中国人民银行　中国银行业监督管理委员会　中国证券监督管理委员会　中国保险监督管理委员会令〔2007〕第2号发布)的规定,中止为其办理业务。

第二十三条　企业撤销银行结算账户,应当按规定向银行提出销户申请。

银行应当对企业销户申请进行审核,经审核符合销户条件的,银行应及时为企业办理销户手续,不得拖延办理。企业撤销取消许可前开立基本存款账户、临时存款账户的,银行应当收回原开户许可证原件。因转户原因撤销基本存款账户的,银行还应打印"已开立银行结算账户清单"并交付企业。

第二十四条　银行为企业变更、撤销基本存款账户、临时存款账户,应当于2个工作日内通过账户管理系统向当地人民银行分支机构备案,并将账户变更、撤销资料复印件或影像报送当地人民银行分支机构。因变更、撤销取消许可前基本存款账户、临时存款账户而收回的原开户许可证原件或相关说明,银行应当交回人民银行分支机构。

对企业名称、法定代表人或者单位负责人变更的,账户管理系统重新生成基本存款账户编号,银行应当打印《基本存款账户信息》并交付企业。

对取消许可前开立基本存款账户的企业名称、法定代表人或者单位负责人变更的,账户管理系统在企业基本信息"经营范围"中标注"取消开户许可证核发"字样。

第二十五条　企业遗失或损毁取消许可前基本存款账户开户许可证的,人民银行分支机构不再补发。企业可向基本存款账户开户银行申请打印《基本存款账户信息》。

第二十六条　银行办理企业基本存款账户批量迁移和账号批量变更的,账户管理系统新生成基本存款账户编号。银行应当打印《基本存款账户信息》并交付企业。

第四章 内控与风险管理

第二十七条 银行应当建立健全企业银行结算账户业务管理办法和操作规程,包括但不限于开户资料要求、开户审核要求、向法定代表人或单位负责人核实意愿方式、开户审核工作记录留存要求、账户资金和信息安全保护机制等内容。

第二十八条 银行应当建立健全以账户质量和风险防范为导向的企业银行结算账户业务考核机制,不得仅以开户数量作为考核指标。

第二十九条 银行应当建立健全企业银行结算账户业务内控合规制度,实行业务管理、运营管理、风险管理等部门相互制衡、相互配合的内控机制,做好账户审核、动态复核、对账、风险监测及后续控制措施等工作,实现账户业务的全流程监控与管理。

第三十条 银行应当建立企业银行结算账户风险责任追究机制,对发生违规事件或风险事件的按规定追究相关机构和人员责任。

第三十一条 企业银行账户存续期间,银行应当对企业开户资格和实名制符合性进行动态复核,并根据复核情况作相应处理。

第三十二条 银行应当建立和完善企业银行结算账户行为监测和交易监测方案,加强企业银行结算账户开立、变更、撤销等行为监测和账户交易监测,并按规定提交可疑交易报告。

对涉及可疑交易报告的账户,银行应当按照反洗钱有关规定采取适当后续控制措施。

第三十三条 银行应当建立企业账务核对机制,对账频率应不低于每季度一次。企业超过对账时间未反馈或者核对结果不一致的,银行应当查明原因,并有权采取措施适当控制账户交易。

第三十四条 银行按照本办法规定采取控制账户交易措施的,应当在采取措施之日起 2 个工作日内通知企业,法律、行政法规另有规定的,从其规定。

第三十五条 银行应当建立企业银行结算账户监督检查制度。上级行至少每半年对下级行企业银行结算账户内控制度执行、业务办理、风险管理等情况开展一次监督检查。

第五章 监督检查

第三十六条 人民银行分支机构应当定期或者不定期对银行报送企业银行结算账户资料的完整性、合规性及其与相应电子信息内容一致性以及企业基本存款账户唯一性进行事后核查。核查比例由当地人民银行分支机构确定并视情况调整。

人民银行分支机构发现账户资料不完整、不合规,账户管理系统录入信息错漏,以及因企业名称、统一社会信用代码、注册地地区代码填报错误而导致企业多头开立基本存款账户的,应当通知银行及时更正。

第三十七条 人民银行分支机构应当采取重点检查和随机抽查相结合的方式,对银行的企业银行结算账户内部管理制度建设与执行、业务办理、风险管理、优化服务等情况开展现场检查。随机抽查对象应当做到辖区内银行全覆盖。

第三十八条 对有权机关移送的涉及违法犯罪活动的企业银行结算账户，人民银行分支机构应当对相关银行开展执法检查。对经核实存在违规行为的，严肃处理。

第三十九条 人民银行分支机构应当建立企业银行结算账户非现场监测机制，探索加强对企业银行结算账户风险监测，识别并妥善处置企业银行结算账户风险。

第四十条 人民银行分支机构应当定期开展企业银行结算账户数量监测分析，防止企业银行结算账户数量异常增加和多头开户。

第四十一条 人民银行分支机构应当建立银行报送账户资料、备案信息质量及企业银行结算账户服务评价通报机制。对报送开户资料、备案信息质量及企业银行结算账户服务较差的银行，采取通报、约见谈话等管理措施。

第六章 责任追究

第四十二条 企业违反规定多头开立基本存款账户的，依据《人民币银行结算账户管理办法》第六十四条规定进行处理。

第四十三条 银行违反规定为企业多头开立基本存款账户，或者未按规定开展企业基本存款账户唯一性审核导致企业多头开立基本存款账户的，依据《人民币银行结算账户管理办法》第六十六条规定进行处理。

第四十四条 银行超过期限或未向人民银行备案基本存款账户、临时存款账户信息的，依据《人民币银行结算账户管理办法》第六十七条规定进行处理。

第四十五条 银行存在下列情形的，由人民银行分支机构责令整改；情节严重或造成不良后果的，依据《中华人民共和国中国人民银行法》第四十六条规定进行处罚；法律、行政法规另有规定的，依照其规定给予处罚。

（一）未按规定建立企业银行结算账户业务考核机制、内控制度、责任追究制度、监督检查制度和业务管理制度的。

（二）未按规定落实银行账户实名制的。

（三）未按规定办理企业银行结算账户开立、变更、撤销业务的。

（四）未按规定开展企业银行结算账户对账的。

（五）未按规定开立、使用一般存款账户、专用存款账户的。

（六）未按规定对所属分支机构企业银行结算账户业务开展监督检查的。

（七）其他违反本办法规定的情形。

第四十六条 银行开立匿名账户、假名账户，或者与身份不明的企业进行交易的，依据《中华人民共和国反洗钱法》第三十二条规定进行处理。

第四十七条 人民银行分支机构监管不力，辖区内出现大量企业违规多头开立基本存款账户、企业银行结算账户异常增长的，人民银行总行将进行通报批评；情节严重的，按规定追究相关机构和人员责任。

第七章 附则

第四十八条 本办法所称控制账户交易措施，包括暂停账户非柜面业务、限制账户交易规模或频率、对账户采取只收不付控制、对账户采取不收不付控制等措施,涉及签约缴纳税款、社会保险费用以及水、电、燃气、暖气、通信等公共事业费用的除外。

第四十九条 本办法自2019年2月25日起执行。《试点取消企业基本存款账户开户许可证核发业务处理办法》(银发〔2018〕125号文印发)同时废止。人民银行以前发布的规范性文件与本办法不一致的部分,以本办法为准。

第五十条 本办法由人民银行负责解释、修订。

附:基本存款账户信息

基本存款账户信息

账户名称:

账户号码:

开户银行:

法定代表人(单位负责人):

基本存款账户编号:

年　月　日

附件2　关于取消企业银行账户许可的公告

广大企业客户:

2018年12月24日,国务院常务会议决定在全国分批取消企业银行账户许可。现将相关事项公告如下:

一、自2019年　月　日起,取消××省(区、市)企业银行账户许可。中华人民共和国境内依法设立的企业法人、非法人企业、个体工商户(以下统称企业)在××省(区、市)银行开立、变更、撤销基本存款账户、临时存款账户,由核准制改为备案制,中国人民银行不再核发开户许可证。开户许可证不再作为企业办理其他事务的证明文件或依据。

二、企业申请开立基本存款账户、临时存款账户的,我行按规定完成开户审核后,即可为符合条件的企业办理开户手续。企业银行结算账户,自开立之日即可办理资金收付业务。

企业申请变更取消许可前开立的基本存款账户、临时存款账户名称、法定代表人或单位负责人的,应当交回原开户许可证。

三、根据国务院"放管服"改革有关"放管结合"精神和国务院常务会议有关强化银行账户管理职责的要求,中国人民银行在取消企业银行账户许可同时,加强企业银行账户管理。其中,为防范不法分子冒名开户,保护企业合法权益,企业开立基本存款账户时,我行将向企业法定代表人(单位负责人)核实企业开户意愿,请企业法定代表人(单位负责人)配合相关工作。

四、取消企业银行账户许可后,企业申请开立一般存款账户、专用存款账户、临时存款账户的,应当向银行提供基本存款账户编号。

我行为企业开立基本存款账户后会告知企业基本存款账户编号。如遗忘基本存款账户编号的,企业可按照我行规定申请查询。

如有任何疑问,敬请垂询我行各营业网点或拨打服务电话:
××××。

特此公告。

××××银行××省(区、市)分行

(公章)

年 月 日

附件3　企业银行结算账户业务应急预案

为保障企业银行结算账户业务连续性,根据《人民币银行结算账户管理办法》《企业银行结算账户管理办法》等规定,制定本预案。

一、突发事件分级

根据对企业银行结算账户业务影响程度,人民币银行结算账户管理系统(以下简称账户管理系统)突发事件分为Ⅰ类事件、Ⅱ类事件、Ⅲ类事件。

(一)Ⅰ类事件是账户管理系统发生故障,银行无法通过四级操作员开展企业基本存款账户唯一性审核,以及基本存款账户、临时存款账户备案业务,预计2个工作日内可恢复的突发事件。

(二)Ⅱ类事件是账户管理系统发生故障,银行无法通过四级操作员开展企业基本存款账户唯一性审核,以及基本存款账户、临时存款账户备案,但可以通过一级或二级操作员办理银行账户业务,预计2个工作日以内难以恢复的突发事件。

(三)Ⅲ类事件是账户管理系统发生故障,银行通过系统四级操作员或一级、二级操作员均无法办理银行账户业务,且预计2个工作日内难以恢复的突发事件。

二、处置原则

(一)业务连续性原则。采取有效措施处置各类突发事件,保障企业银行结算账户业务的连续性。

(二)技术抢救优先原则。优先组织技术力量对账户管理系统故障进行抢修,尽可能在可容忍时间内恢复系统功能。

(三)分类决策、高效处置原则。突发事件发生后,立即研判事件类型,分类决策,高效处置。其中,Ⅰ类事件由人民银行省级分支机构启动应急预案,Ⅱ类、Ⅲ类事件由人民银行总行启动应急预案。

三、Ⅰ类事件应急处置

账户管理系统发生Ⅰ类事件,银行先行为企业办理基本存款账户、临时存款账户开立、变更、撤销业务。待账户管理系统恢复后,及时向账户管理系统备案。

（一）账户开立。

1. 银行审核企业开户证明文件真实性、完整性、合规性，开户申请人与身份证明文件所属人的一致性，以及企业开户意愿真实性后，先行为企业开立基本存款账户、临时存款账户。

2. 账户管理系统恢复运行之后，银行使用系统四级操作员办理基本存款账户唯一性审核以及基本存款账户、临时存款账户备案。通过基本存款账户唯一性审核并完成基本存款账户备案的，银行打印企业基本存款账户信息、存款人密码交付企业；未通过基本存款账户唯一性审核的，银行应当及时采取处置措施。

（二）账户变更。

1. 银行按规定审核企业银行结算账户变更证明文件后，先行为企业办理基本存款账户、临时存款账户变更手续。

2. 账户管理系统恢复运行之后，银行使用系统四级操作员备案基本存款账户、临时存款账户变更信息。基本存款账户编号发生变化的，打印企业基本存款账户信息交付企业。

（三）账户撤销。

1. 银行按规定审核企业银行结算账户撤销材料后，先行为企业办理基本存款账户、临时存款账户销户手续。

2. 待账户管理系统恢复运行之后，银行及时使用系统四级操作员备案基本存款账户、临时存款账户撤销信息。

四、Ⅱ类事件应急处置

账户管理系统发生Ⅱ类事件，银行先行为企业办理基本存款账户、临时存款账户开立、变更、撤销业务。同时，通过系统一级、二级操作员将企业银行结算账户开立、变更信息报送人民银行分支机构，人民银行分支机构协助开展基本存款账户唯一性审核及账户信息备案业务。

（一）账户开立。

1. 银行按规定审核存款人开户证明文件的真实性、完整性、合规性，开户申请人与身份证明文件所属人的一致性，以及企业开户意愿真实性，先行为企业开立基本存款账户、临时存款账户。

2. 银行通过系统一级或二级操作员在账户管理系统录入企业基本存款账户、临时存款账户信息，报送人民银行当地分支机构。

3. 当地人民银行分支机构及时协助银行开展企业基本存款账户唯一性审核以及基本存款账户、临时存款账户信息备案。

通过基本存款账户唯一性审核并完成基本存款账户备案的，人民银行分支机构将企业基本存款账户编号、存款人密码等反馈银行，由银行交付企业。

未通过基本存款账户唯一性审核的，人民银行分支机构通知银行及时采取处置措施。

(二) 账户变更。

1. 银行按规定审核企业银行结算账户变更证明文件后,先行为企业办理基本存款账户、临时存款账户变更手续。

2. 银行通过一级或二级操作员录入企业基本存款账户、临时存款账户变更信息,报送当地人民银行分支机构。

3. 当地人民银行分支机构及时协助处理。企业基本存款账户编号变化的,人民银行分支机构将新的企业基本存款账户编号反馈银行,由银行交付企业。

(三) 账户撤销。

1. 银行按规定审核企业销户材料后,先行为企业撤销基本存款账户、临时存款账户。

2. 银行将企业基本存款账户、临时存款账户销户资料报人民银行分支机构,人民银行分支机构及时协助处理。

五、Ⅲ类事件应急处置

账户管理系统发生Ⅲ类事件,银行先行为企业办理基本存款账户、临时存款账户开立、变更、撤销业务。待账户管理系统恢复后,及时向账户管理系统备案。

(一) 账户开立。

1. 企业按规定向银行提交开户申请和开户证明文件,并出具《企业未开立基本存款账户承诺书》(见附)。

2. 银行按规定审核存款人开户证明文件的真实性、完整性、合规性,开户申请人与身份证明文件所属人的一致性以及企业开户意愿真实性后,先行为企业开立基本存款账户、临时存款账户。

3. 账户管理系统恢复运行之后,银行通过系统四级操作员办理基本存款账户唯一性审核,以及基本存款账户、临时存款账户备案。通过基本存款账户唯一性审核并完成基本存款账户备案的,银行打印企业基本存款账户信息、存款人密码交付企业。未通过基本存款账户唯一性审核的,银行应当及时采取处置措施。

(二) 账户变更。

1. 银行按规定审核企业银行结算账户变更证明文件后,先行为企业办理基本存款账户、临时存款账户变更业务。

2. 账户管理系统恢复后,银行通过系统办理基本存款账户、临时存款账户变更备案手续。企业基本存款账户编号发生变化的,银行应打印企业基本存款账户信息交付企业。

(三) 账户撤销。

1. 银行按规定审核企业销户证明材料后,先行为企业办理基本存款账户、临时存款账户撤销业务。

2. 账户管理系统恢复后,银行通过系统办理基本存款账户、临时存款账户撤销备案。

六、其他

突发事件报告、决策、指挥、处置等未尽事宜按照人民银行关于人民币银行结算账户管理系统突发事件应急预案执行。

附:企业未开立基本存款账户承诺书

附　企业未开立基本存款账户承诺书

_____（银行名称）：

本单位郑重承诺:在向你行申请开立基本存款账户的同时,我单位无基本存款账户,也未向其他银行申请开立基本存款账户。如多头开立基本存款账户,本单位自愿承担相关法律责任,并配合你行采取以下处置方式:

1. 变更账户性质;
2. 撤销账户。

本单位清楚知晓:企业（个体工商户）开立两个（含）以上基本存款账户的,中国人民银行将按照《人民币银行结算账户管理办法》（中国人民银行令〔2003〕第5号发布）规定进行处罚。

（企业公章）

年　月　日

注:《人民币银行结算账户管理办法》规定,企业违规开立两个（含）以上基本存款账户的,中国人民银行给予警告并处以1万元以上3万元以下的罚款;涉嫌构成犯罪的,移交司法机关依法追究刑事责任。

附件4　企业银行账户情况统计表

企业银行账户情况统计表

年　月　日—　年　月　日

地区	存款人类别	拒绝开户	延长开户审查期限	控制账户交易			
				暂停非柜面业务	限制交易规模或频率	停止支付	中止业务
	企业法人						
	非法人企业						
	有字号个体工商户						
	无字号个体工商户						
	合计						

注:1. 取消企业银行账户许可实施后第一周实行日报制度,后续实行月报制度。
　　2. 人民银行上海总部,各分行、营业管理部,各省会（首府）城市中心支行,深圳市中心支行应当汇总辖内统计表报送至yangq@zh.pbc.gov。

附录4　中华人民共和国印章管理办法

第一章　总　则

第一条　为了加强印章社会治安管理，预防和打击违法犯罪活动，根据国务院《关于国家行政机关和企业事业单位社会团体印章管理规定》和国家有关规定，制定本办法。

第二条　本办法适用于国家权力、党政、司法、参政议事、军队、武警、民主党派、工会、共青团、妇联等机关、团体，企业事业单位，民政部门登记的民间组织，居（村）民委员会和各议事协调及非常设机构的印章刻制、建档、变更、缴销等管理活动。

第三条　本办法所称印章指公章和具有法律效力的个人名章。

本办法所称公章是指国家权力、党政机关、司法、参政议事、军队、武警、民主党派、工会、共青团、妇联等机关、团体，企业事业单位，民政部门登记的民间组织，居（村）民委员会和各议事协调机构及非常设机构的法定名称章和冠以法定名称的合同、财务、税务、发票等业务专用章。

本办法所称具有法律效力的个人名章是指国家权力、党政、司法、参政议事、军队、武警、民主党派、工会、共青团、妇联等机关、团体，企业事业单位，民政部门登记的民间组织，居（村）民委员会和各议事协调机构及非常设机构的法定代表人及其财务部门负责人的名章。

第四条　公安机关应当遵循合法、公正、公开、及时、便民的原则对印章实行属地管理；建立、健全管理责任制度，确保印章管理安全规范化和信息科学化。

第二章　印章管理

第五条　任何单位和个人禁止买卖印章，不得非法制作、使用印章。

第六条　国家权力、党政、司法、参政议事、军队、武警、民主党派、共青团、工会、妇联等机关、团体的印章制发，依照国家的有关规定办理。

第七条　国家权力、党政、司法、参政议事、军队、武警、民主党派、共青团、工会、妇联等机关、团体的各级组织、机构需要刻制印章的，由制发机关的印章管理部门开具公函到所在地县级以上人民政府公安机关办理备案手续。

县级以上人民政府公安机关应即办理并出具准刻证明。

第八条　企业事业单位、民政部门登记的民间组织、村（居）民委员会和各协调机构及非常设机构需要刻制印章的，应当凭上级主管部门出具的刻制证明和单位成立的批准文本到所在地县级以上人民政府公安机关申请办理准刻手续。

无上级主管部门的,应当凭登记管理部门核发的营业执照、登记证书或者所在地公安派出所出具的证明,到所在地县级以上公安机关申请办理准刻手续。

办理准刻手续的经办人员,需持刻制单位的委托证明和本人身份证明;办理人名章准刻手续的,同时提供名章所刻人名的身份证明。

县级以上人民政府公安机关自接到申请之日起三个工作日内作出是否核发准刻手续的决定。对符合条件的,出具准刻证明;不符合条件的,书面通知申请单位并说明理由。

第九条　需要到外省、市、县(区)刻制印章的,凭单位所在地县级以上公安机关出具的证明及有关申请材料,到刻制地同级公安机关办理准刻手续。

第十条　需要刻制印章的单位应当到公安机关批准的刻制单位刻制;刻制单位将刻制的印章向公安机关办理印鉴备案后,方准启用。

第十一条　需要更换印章的,须公告声明原印章作废后按照本办法第七条、第八条规定重新办理备案或准刻手续。

印章遗失、被抢、被盗的,应当向备案或批准刻制的公安机关报告,并采取公告形式声明作废后,按照前款规定重新办理备案或准刻手续。

第十二条　印章规格、式样、印文和质料按照国家有关规定执行。

实行民族区域自治的地方,刻制的印章可以并刊汉字和相应的民族文字。

印章不得单刊外文,因工作需要可中、外文并刊。

需要刻制中、外文并刊印章的单位除持有本办法第八条规定的证明、文件外,还应提出书面申请,并到地、市级以上人民政府公安机关办理准刻手续。

第十三条　需要刻制印章的单位,只能申请刻制一枚单位法定名称章。

需要刻制套印章、钢印章的,依照本办法第七条、第八条、第九条、第十条的规定办理。

第十四条　企业事业单位、民政部门登记的民间组织和各协调机构及非常设机构印章实行年审制度。

第十五条　印章停止使用后,使用单位应当在十日内将印章全部交回上级主管部门或登记管理机关封存;逾期不交的,由上级主管部门或登记管理机关予以收缴。上级主管部门或登记管理机关对交回和收缴的印章要登记造册,并于十日内送备案或批准刻制的公安机关。

公安机关对交回和收缴的印章,需预存两年,无特殊情况的,预存期满后予以销毁。

第十六条　有历史纪念意义需要长期保存的印章,由收藏保存机构向省、自治区、直辖市公安机关提出申请并公告,批准后可不予销毁,由申请单位收藏保存。

第三章　印章经营单位管理

第十七条　经营本办法所指的印章业务的单位,应当具备下列条件:

(一)有固定的经营场所;

(二)经营场所和设施符合国家消防和治安管理的规定;

（三）经营者和从业人员无诈骗、招摇撞骗、伪造印章等违法犯罪记录；

（四）符合公安机关印章治安管理信息系统的资质条件；

（五）设有印章保密工房和成品保管仓库。

第十八条 经营印章业务的单位不得将印章业务转包他人经营。

第十九条 承接刻制印章应当遵守下列规定：

（一）应查验公安机关出具的备案或准刻证明；

（二）登记委托刻制印章的名称、法定代表人或者负责人、经办人的姓名和公民身份证号码，按照规定逐项登记印章名称、式样、规格数量，并保存五年，以备查验；

（三）指定专人负责承接印章业务，保管制作的印章以及销毁作废章坯；

（四）对超过三个月无人领取的印章，应当登记造册，送交原备案或批准刻制的公安机关处理；

（五）每月10日前向所在地公安机关报告印章制作情况。

第二十条 从事印章经营业务应当在批准的固定场所内进行。

第二十一条 经营印章业务的单位的法定代表人或者负责人是本单位的治安第一责任人，负责做好本单位的治安防范工作：

（一）教育从业人员自觉遵守国家法律、法规；

（二）制定并落实各项治安管理制度和防范措施；

（三）监督从业人员认真执行承接刻制印章查验证明和登记工作；

（四）对公安机关检查发现的治安隐患及时整改；

（五）发现涂改、伪造备案或准刻证明等可疑情况以及案件线索，及时报告公安机关。

第二十二条 外商独资、中外合作和中外合资企业不得经营本办法所规定的印章业务。

第二十三条 公安机关应当对经营印章的单位进行监督检查，并履行下列职责：

（一）定期对经营印章业务的单位进行监督检查，发现治安隐患，限期整改；

（二）发现可疑情况或者案件线索，依法调查处理；

（三）依法对经营印章业务的单位的违规违法经营行为进行查处。

第四章 罚 则

第二十四条 违反本办法第五条规定的，非法制作或者使用印章的，除收缴非法印章外，并处二千元以上一万元以下罚款；有非法所得的，没收非法所得。

买卖印章的，依照前款规定处罚；构成犯罪的，依法追究刑事责任。

第二十五条 违反本办法第七条、第八条、第十条和第十一条规定，未办理备案或准刻手续的，予以警告，并限期补办；逾期不办理的，制作的印章为无效印章，由公安机关予以收缴，对委托刻制单位处以二千元以上一万元以下罚款，并对直接负责的主管人员和直接责任人处二百元以上一千元以下罚款。

第二十六条 违反本办法第十二条和第十三条规定，刻制外文印章或擅自刻制中外文并刊印章及违反规定刻制两枚以上单位法定名称章的,收缴违法制作的印章,并处二千元以上一万元以下罚款。

第二十七条 违反本办法第十四条规定,逾期或不进行年审的,处一千元以上五千元以下罚款。

第二十八条 违反本办法第十八条规定,将印章业务转包他人经营的,收缴违法制作的印章,取消其经营资格,并处二千元以上一万元以下罚款;有违法所得的,没收违法所得。

单位违反前款规定的,对单位依照前款规定处罚,并对其直接负责的主管人员和其他直接责任人员处以二百元以上一千元以下罚款。

第二十九条 违反本办法第十九条规定,未查验准刻证明和履行登记手续的,对承制单位处以一千元以上五千元以下罚款;情节严重的,处五千元以上一万元以下罚款。

并对其直接负责的主管人员和其他直接责任人员处以二百元以上一千元以下罚款。

第三十条 违反本办法第二十条规定的,处二千元以上一万元以下罚款,并处取缔。

第三十一条 违反本办法第二十一条规定的,对经营印章业务的单位的法定代表人或者负责人予以警告,并处五百元以下罚款。

第三十二条 伪造本办法规定的印章,构成犯罪的,依法追究刑事责任。

第三十三条 公安机关的人民警察在监督管理印章工作中玩忽职守、滥用职权、徇私舞弊的,应当予以行政处分;构成犯罪的,依法追究刑事责任。

第五章 附 则

第三十四条 印章准刻证明的式样由公安部统一制定。

第三十五条 印章载有密级信息的,可由印章制发单位自行建档保存。

第三十六条 本办法由公安部负责解释,自发布之日起三十日施行。

附录5　银行存款日记账

2020年		凭证号	摘要	结算种类	对方科目	借方	贷方	方向	余额
月	日								
			期初余额					借	6,732,900.02
05	01	记-0001	向南海市旺嘉农贸有限公司购买小麦面粉和淀粉	支票	原材料等		104,525.00		
			本日合计				104,525.00	借	6,628,375.02
05	02	记-0003	偿还南海市鸿兴粮油食品有限公司货款	支票	应付账款		14,893.40		
			本日合计				14,893.40	借	6,613,481.62
05	03	记-0004	提取现金	支票	库存现金		4,000.00		
05	03	记-0006	办理银行汇票	银行汇票	其他货币资金		100,000.00		
			本日合计				104,000.00	借	6,509,481.62
05	04	记-0007	上缴应交的税金	委托收款	应交税费		361,166.71		
			本日合计				361,166.71	借	6,148,314.91
05	05	记-0008	向山州市田园糖业有限公司购买食用植物油	支票	原材料等		120,659.14		
			本日合计				120,659.14	借	6,027,655.77
05	06	记-0009	向南海市鉴湖食品贸易有限公司购买白砂糖	银行汇票	其他货币资金	11,668.00			
			本日合计			11,668.00		借	6,039,323.77
05	07	记-0012	向北江市汇丰贸易有限公司购买小麦面粉	汇兑	在途物资等		88,608.00		
05	07	记-0013	支付电汇手续费	其他	财务费用		50.00		
			本日合计				88,658.00	借	5,950,665.77
05	10	记-0018	收到毁损的小麦面粉赔偿款	支票	待处理财产损溢	1,412.50			
05	10	记-0019	向南海市康曲包装箱有限公司购买包装物	支票	周转材料等		81,900.00		
05	10	记-0021	支付电汇手续费	支票	财务费用		61.59		
			本日合计			1,412.50	81,961.59	借	5,870,116.68
05	11	记-0024	支付水电费	委托收款	应付账款		26,694.40		
05	11	记-0025	收回南海市远湾超市有限公司货款	支票	应收账款	50,544.00			
05	11	记-0026	向南海市京舒商场销售饼干	支票	主营业务收入等	338,476.32			
05	11	记-0028	支付销售产品运费	支票	销售费用		666.00		
05	11	记-0029	收到南海市南方饼业批销有限公司到期的商业汇票款	商业汇票	应收票据	11,868.00			
			本日合计			400,888.32	27,360.40	借	6,243,644.60
05	12	记-0030	向南海市运输公司支付代垫销售运费	支票	应收账款		4,000.00		
05	12	记-0031	预收乡山市明华贸易有限公司货款	支票	预收账款	192,000.00			
05	12	记-0032	向南海市广告公司支付广告费	支票	销售费用		106,000.00		
			本日合计			192,000.00	110,000.00	借	6,325,644.60
05	13	记-0033	向南海市电信局支付电话费	委托收款	管理费用等		1,864.80		
			本日合计				1,864.80	借	6,323,779.80
05	16	记-0035	向北江市振юже实业有限公司销售饼干	支票	主营业务收入等	435,419.52			
			本日合计			435,419.52		借	6,759,199.32
05	17	记-0037	收到东南市骏飞超市有限公司货款	汇兑	应收账款	416,776.00			
			本日合计			416,776.00		借	7,175,975.32
05	18	记-0038	向北江市汇丰贸易有限公司购入理饼机	汇兑	固定资产等		96,814.00		
05	18	记-0039	向南海市鉴湖食品贸易有限公司支付租金	支票	制造费用		50,000.00		
			本日合计				146,814.00	借	7,029,161.32
05	20	记-0043	向东南市骏飞超市有限公司购入无形资产	支票	无形资产等		240,050.00		
05	20	记-0044	向长达市梨溢奶粉有限公司支付生产设备修理费	支票	管理费用等		1,404.00		
05	20	记-0045	向兰明市好香食品有限公司转让无形资产	支票	无形资产等	150,000.00			
			本日合计			150,000.00	241,454.00	借	6,937,707.32
05	21	记-0046	收到严旭转来投资款	其他	实收资本等	4,000,000.00			
			本日合计			4,000,000.00		借	10,937,707.32
05	22	记-0047	归还短期借款本金及本月利息	支票	短期借款等		502,541.67		
			本日合计				502,541.67	借	10,435,165.65
05	23	记-0048	借入长期借款	其他	长期借款	1,000,000.00			
05	23	记-0049	向市慈善总会捐款	支票	营业外支出		100,000.00		
			本日合计			1,000,000.00	100,000.00	借	11,335,165.65
05	24	记-0050	购买工作服	支票	周转材料等		1,638.00		
			本日合计				1,638.00	借	11,333,527.65
05	25	记-0051	委托银行发工资	支票	应付职工薪酬		181,489.09		
			本日合计				181,489.09	借	11,152,038.56
05	27	记-0055	发放职工年终奖金	支票	应付职工薪酬		238,000.00		
05	27	记-0056	上缴应交的社保及住房公积金	支票	应付职工薪酬等		156,713.00		
			本日合计				394,713.00	借	10,757,325.56
05	29	记-0058	支付职工培训费	支票	应付职工薪酬		4,500.00		
05	29	记-0060	存现金	支票	库存现金	2,373.00			
			本日合计			2,373.00	4,500.00	借	10,755,198.56
			本月合计			6,610,537.34	2,588,238.80	借	10,755,198.56

附表 6 供应商及客户档案

供应商档案

编号	供应商名称	简称	纳税人识别号	开户银行	账号	地址	电话
101	南海市旺嘉农贸有限公司	旺嘉农贸	44040264602416 2	工行南海市环风支行	2209345372839 12	南海市中山路32号	2398700
102	南海市鸿兴粮油食品有限公司	鸿兴粮油	44040374603547 5	建行南海市中山分行	3384639470273 46	南海市中山五路245号	3423789
103	山州市田园糖业有限公司	田园糖业	44030514960751 3	工行山州市凤凰支行	4473829473846 12	山州市华飞路4号	2247820
104	南海市鉴湖食品贸易有限公司	鉴湖食品	44040374601832 8	农行南海市红街支行	6683475629304 75	南海市海湖路34号	3328768
105	长达市梨溢奶粉有限公司	梨溢公司	44011547287486 9	工行长达市龙燕分行	2248575683985 90	长达市金湾区梨溢工业区25号	8392020
106	北江市汇丰贸易有限公司	汇丰贸易	22047153746586 9	农行北江市海燕支行	6684025035924 3	北江市金山区海燕路198号	3876591
107	南海市康曲包装箱有限公司	康曲包装	44040847458050 4	中行南海市江山支行	8804857689392 02	南海市集year宁路524号	8730293
108	上海包装箱有限公司	上海包装	42040847458036 0	中行上海市江山支行	6604857689398 08	上海市康宁路524号	8730666
109	南海市洋洋服装厂	洋洋服装	44040384672824	工行南海市滨山支行	2209342843700 21	南海市东风区兴东路201号	5329718
110	南海市运输公司	南海运输	44040834671224	工行南海市滨山支行	2209342843736 68	南海市东风区兴东路201号	5329768

客户档案

编号	客户名称	简称	纳税人识别号	开户银行	账号	地址	电话
101	南海市远湾超市有限公司	远湾超市	44040383647 5824	工行南海市沿江支行	8802075867 38294	南海市沿江路56号	（略）
102	南海市京舒商场	京舒商场	44040383640 2418	建行南海市柯汇分行	3384637284 93478	南海市西城区西环路39号	（略）
103	南海市南方饼业批销有限公司	南方饼业	44040292647 9237	工行南海市城北支行	2209374857 6834	南海市汇海区东川北路68号	84020382
104	乡山市明华贸易有限公司	明华公司	55013902904 3462	工行乡山市海溪支行	6648529475 9290	乡山市明华路6号	33874959
105	北江市振程实业有限公司	振程实业	22047589694 0547	建行北江市淮海分行	3748548659 4032	北江市和平区栖霞路09号	3823999
106	东南市骏飞超市有限公司	骏飞超市	44064549850 3423	工行东南市靖江分行	5527002736 4212	东南市沿海路6号	2238790
107	兰明市好香食品有限公司	好香食品	33012762534 1971	工行兰明市汇海分行	2273517284 39302	兰明市开发区文昌号3号	4818888
108	南海市广告公司	南海广告	33012762534 1234	南海市汇海分行	2273517284 31234	南海市开发路3号	4811234
109	南海市电信局	南海电信	33012762534 6362	南海市汇海分行	2273517284 36362	南海市开发路3号	4816362
110	南海市慈善总会	南海慈善	33012762534 8972	南海市汇海分行	2273517284 38972	南海市开发路3号	4818972

附录7 中华人民共和国现金管理暂行条例

(1988年9月8日国务院发布)

第一章 总 则

第一条 为改善现金管理,促进商品生产和流通,加强对社会经济活动的监督,制定本条例。

第二条 凡在银行和其他金融机构(以下简称开户银行)开立账户的机关、团体、部队、企业、事业单位和其他单位(以下简称开户单位),必须依照本条例的规定收支和使用现金,接受开户银行的监督。

国家鼓励开户单位和个人在经济活动中,采取转账方式进行结算,减少使用现金。

第三条 开户单位之间的经济往来,除按本条例规定的范围可以使用现金外,应当通过开户银行进行转账结算。

第四条 各级人民银行应当严格履行金融主管机关的职责,负责对开户银行的现金管理进行监督和稽核。

开户银行依照本条例和中国人民银行的规定,负责现金管理的具体实施,对开户单位收支、使用现金进行监督管理。

第二章 现金管理和监督

第五条 开户单位可以在下列范围内使用现金:

(一) 职工工资、津贴;

(二) 个人劳务报酬;

(三) 根据国家规定颁发给个人的科学技术、文化艺术、体育等各种奖金;

(四) 各种劳保、福利费用以及国家规定的对个人的其他支出;

(五) 向个人收购农副产品和其他物资的价款;

(六) 出差人员必须随身携带的差旅费;

(七) 结算起点以下的零星支出;

(八) 中国人民银行确定需要支付现金的其他支出。

前款结算起点定为1 000元。结算起点的调整,由中国人民银行确定,报国务院备案。

第六条 除本条例第五条第(五)、(六)项外,开户单位支付给个人的款项,超过使用现金限额的部分,应当以支票或者银行本票支付;确需全额支付现金的,经开户银行审核后,予以支付现金。

前款使用现金限额,按本条例第五条第二款的规定执行。

第七条 转账结算凭证在经济往来中,具有同现金相同的支付能力。

开户单位在销售活动中,不得对现金结算给予比转账结算优惠待遇;不得拒收支票、银行汇票和银行本票。

第八条 机关、团体、部队、全民所有制和集体所有制企业事业单位购置国家规定的专项控制商品,必须采取转账结算方式,不得使用现金。

第九条 开户银行应当根据实际需要,核定开户单位3天至5天的日常零星开支所需的库存现金限额。

边远地区和交通不便地区的开户单位的库存现金限额,可以多于5天,但不得超过15天的日常零星开支。

第十条 经核定的库存现金限额,开户单位必须严格遵守。需要增加或者减少库存现金限额的,应当向开户银行提出申请,由开户银行核定。

第十一条 开户单位现金收支应当依照下列规定办理:

(一)开户单位现金收入应当于当日送存开户银行。当日送存确有困难的,由开户银行确定送存时间;

(二)开户单位支付现金,可以从本单位库存现金限额中支付或者从开户银行提取,不得从本单位的现金收入中直接支付(即坐支)。因特殊情况需要坐支现金的,应当事先报经开户银行审查批准,由开户银行核定坐支范围和限额。坐支单位应当定期向开户银行报送坐支金额和使用情况;

(三)开户单位根据本条例第五条和第六条的规定,从开户银行提取现金,应当写明用途,由本单位财会部门负责人签字盖章,经开户银行审核后,予以支付现金;

(四)因采购地点不固定,交通不便,生产或者市场急需,抢险救灾以及其他特殊情况必须使用现金的,开户单位应当向开户银行提出申请,由本单位财会部门负责人签字盖章,经开户银行审核后,予以支付现金。

第十二条 开户单位应当建立健全现金账目,逐笔记载现金支付。账目应当日清月结,账款相符。

第十三条 对个体工商户、农村承包经营户发放的贷款,应当以转账方式支付。对确需在集市使用现金购买物资的,经开户银行审核后,可以在贷款金额内支付现金。

第十四条 在开户银行开户的个体工商户、农村承包经营户异地采购所需贷款,应当通过银行汇兑方式支付。因采购地点不固定,交通不便必须携带现金的,由开户银行根据实际需要,予以支付现金。

未在开户银行开户的个体工商户、农村承包经营户异地采购所需货款,可以通过银行汇兑方式支付。凡加盖"现金"字样的结算凭证,汇入银行必须保证支付现金。

第十五条 具备条件的银行应当接受开户单位的委托,开展代发工资、转存储蓄业务。

第十六条 为保证开户单位的现金收入及时送存银行,开户银行必须按照规定做好现金收款工作,不得随意缩短收款时间。大中城市和商业比较集中的地区,应当建立非营业时间收款制度。

第十七条 开户银行应当加强柜台审查,定期和不定期地对开户单位现金收支情况进行检查,并按规定向当地人民银行报告现金管理情况。

第十八条 一个单位在几家银行开户的,由一家开户银行负责现金管理工作,核定开户单位库存现金限额。

各金融机构的现金管理分工,由中国人民银行确定。有关现金管理分工的争议,由当地人民银行协调、裁决。

第十九条 开户银行应当建立健全现金管理制度,配备专职人员,改进工作作风,改善服务设施。现金管理工作所需经费应当在开户银行业务费中解决。

第三章 法律责任

第二十条 开户单位有下列情形之一的,开户银行应当依照中国人民银行的规定,责令其停止违法活动,并可根据情节轻重处以罚款:

(一) 超出规定范围、限额使用现金的;

(二) 超出核定的库存现金限额留存现金的。

第二十一条 开户单位有下列情形之一的,开户银行应当依照中国人民银行的规定,予以警告或者罚款;情节严重的,可在一定期限内停止对该单位的贷款或者停止对该单位的现金支付:

(一) 对现金结算给予比转账结算优惠待遇的;

(二) 拒收支票、银行汇票和银行本票的;

(三) 违反本条例第八条规定,不采取转账结算方式购置国家规定的专项控制商品的;

(四) 用不符合财务会计制度规定的凭证顶替库存现金的;

(五) 用转账凭证套换现金的;

(六) 编造用途套取现金的;

(七) 互相借用现金的;

(八) 利用账户替其他单位和个人套取现金的;

(九) 将单位的现金收入按个人储蓄方式存入银行的;

(十) 保留账外公款的;

(十一) 未经批准坐支或者未按开户银行核定的坐支范围和限额坐支现金的。

第二十二条 开户单位对开户银行作出的处罚决定不服的,必须首先按照处罚决定执行,然后可在10日内向开户银行的同级人民银行申请复议。同级人民银行应当在收到复议申请之日起30日内作出复议决定。开户单位对复议决定不服的,可以在收到复议决定之日起 30 日内向人民法院起诉。

第二十三条 银行工作人员违反本条例规定,徇私舞弊、贪污受贿、玩忽职守、纵容违法行为的,应当根据情节轻重,给予行政处分和经济处罚;构成犯罪的,由司法机关依法追究刑事责任。

第四章 附 则

第二十四条 本条例由中国人民银行负责解释;施行细则由中国人民银行制定。

第二十五条 本条例自 1988 年 10 月 1 日起施行。1977 年 11 月 28 日发布的《国务院关于实行现金管理的决定》同时废止。

附录 8　现金日记账

2020年		凭证号	摘　要	借　方	贷　方	方向	余　额
月	日						
			期初余额			借	4,000.00
05	03	记-0004	提取现金	4,000.00			
05	03	记-0005	李伟洪预借差旅费		2,000.00		
			本日合计	4,000.00	2,000.00	借	6,000.00
05	06	记-0010	销售部陈四海报销差旅费及业务招待费		3,200.00		
05	06	记-0011	李伟洪报销差旅费	400.00			
			本日合计	400.00	3,200.00	借	3,200.00
05	08	记-0016	销售高钙牛奶饼干2箱	196.00			
				196.00		借	3,396.00
05	11	记-0022	购买办公用品		450.00		
05	11	记-0023	报销汽油费		800.00		
			本日合计		1,250.00	借	2,146.00
05	19	记-0041	支付清理费		900.00		
			本日合计		900.00	借	1,246.00
05	26	记-0053	支付辅助生产车间工人生活困难补助费		500.00		
			本日合计		500.00	借	746.00
05	29	记-0059	向农民个人销售浸湿的小麦面粉	2,373.00			
			本日合计	2,373.00		借	3,119.00
05	29	记-0060	存款		2,373.00		
			本日合计		2,373.00	借	746.00
05			本月合计	6,773.00	10,223.00	借	550.00
5			本年累计	33,865.00	51,115.00	借	550.00

附录9　江南饼业有限责任公司财务票据管理制度(试行)

第一节　总　则

第一条　为了加强票据管理，规范票据业务，明确管理责任，特制定本制度。

第二条　财务票据包括银行票据和非银行票据。

银行票据指支票、贷记凭证、本票、银行汇票、商业汇票等。

非银行票据指有价证券、大面额存单、印花税票、收据及发票等。

第三条　计划财务部负责公司财务票据的领购、核销及保管等业务，并由专人分工负责。

出纳员担任银行票据的出纳保管业务。经财务主管指定的会计人员负责非银行票据的保管。非银行票据领用后，由领用人负责保管，其中领用的收据和发票由出纳员保管。财务票据用完后由保管人员负责核销。

第四条　公司所有票据收支必须通过财务部统一办理。除国家政策及本制度另有规定以外，任何部门和个人都不得擅自收取和处理应当属于公司的票据。

第二节　票据管理的内部控制

第五条　财务票据应存放在保险箱内，由专人妥善保管。财务印鉴与银行票据应由财务主管和出纳员分别保管。非银行票据贯彻保管和使用两分开的原则，不得由一人兼任。

第六条　内部稽核人员应定期或不定期地检查财务票据，保证账实相符。

第七条　办理有关票据业务必须经财务主管审查。

第八条　出纳员应根据审核无误的原始凭证和收付款委托书收取或支付银行票据，收取款项时应开具收据或发票。

第九条　银行票据、收据及发票必须顺号签发，作废应加盖专用的作废章。

第十条　票据管理人员应建立备查登记簿。发生有关票据的行为时，应及时登记备查簿。

银行票据备查登记簿包括购买及使用日期、号码、金额、用途、经办人及备注等事项。作废银行票据应贴在备查登记簿的相应位置，妥善保管。

非银行票据备查登记簿包括购买及领用日期、号码、数量、金额、经办人及备注等事项。

第十一条 会计人员在发现票据丢失或票据拒付等情况时,应尽快采取相应的措施,在解决的同时,应向财务主管报告并听取意见。对重大事故财务主管应向公司总经理汇报。

第十二条 会计人员因调动工作正式离开岗位时,应按规定的日期结束其所担任的全部业务,对于保管的票据、印鉴及未定事项(应写详细的书面材料),应在交接明细表写明并须签名。在财务主管的监督下,移交人员向后任的会计人员逐项、逐笔地交接,当面点清确认无误后,由财务主管和后任会计人员在交接明细表上签名确认,移交人员才可离开岗位。

第三节 银行票据的收纳

第十三条 出纳员收到银行票据后,应尽快向财务主管报告。对收取的银行票据,出纳员应认真审查收款人、金额、日期、印鉴等内容,对于不合规的票据,出纳员应向财务主管报告,由财务主管确定解决方案。原则上收取的银行票据应当天解缴银行。

第十四条 出纳员在收取银行票据时,应向支付方出具发票或收据。

第十五条 出纳员收到银行票据时,应及时记录。

第十六条 由于支付方存款不足、变更票据日期或内容等原因致使需要更换已接受的票据时,应经财务主管同意,并通过业务部门将已收取的票据交还给签发单位。归还票据时必须取得该单位的归还票据受领证明书。有关业务部门应做好归还票据的善后处理工作,保证将更换后的票据及时收回。

第十七条 出纳员将银行票据解缴银行并收到银行收账通知后,应尽快向财务主管报告。发生退票时,出纳员在迅速查明原因的同时,应尽快向财务主管报告。财务主管应根据情况和有关业务部门共同采取相应措施,妥善处理。

第四节 银行票据的支付

第十八条 银行票据支付程序

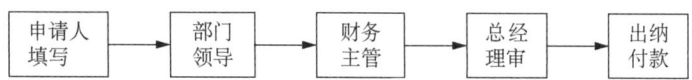

第十九条 财务主管应认真审核由经办部门提交的申请单据、合同及发票等原始凭证,并出具相关逐级审阅意见。重大资金支付应报财务总监和总经理批准。

第二十条 经银行票据支付程序后,由经办人员将有关支付单据交出纳员办理。出纳员按以下手续支付:

(一) 市内银行支付时,支付方式为转账支票、本票及贷记凭证,并以贷记凭证为主。因特殊情况需要签发空白支票时,应写明用途、最高限额、日期及其他可以明确的项目,不得签发无日期、无抬头、无用途及无金额的空白支票以及远期支票。银行票据开具后提交财务主管核对无误后加盖财务印鉴,转账支票由出纳员递交经办人,并由经办人在票据存根上签收，本票、贷记凭证由出纳员递交银行。

（二）异地转账支付时，出纳员应按支付申请单注明的付款方式（电汇、信汇、银行汇票、商业汇票）、收款人全称及开户银行和账号等填写银行委托支付单，提交财务主管核对无误后加盖财务印鉴，由出纳员递交银行处理。

第五节　其他票据管理

第二十一条　有价证券的购入、领取要经公司总经理批准后方可办理。根据总经理的批准书，财务部开具有价证券收券单或付券单，由经办人签字确认、财务主管审核后，交由保管人员。保管人员应同时在备查登记簿上记录，并妥善保管有关单据。

第二十二条　有价证券除了无记名方式外，都要以本公司的名义。如用他人名义持有有价证券时，必须取得有关有价证券名义人的书面证明。

第二十三条　保管人员应妥善保管印花税票、发票、收据等，空白发票和收据领用时应由保管人员加盖发票专用章或财务专用章，否则无效。购入及领用时保管人员应及时在备查登记簿上记录。出纳员领取空白发票或收据时，必须以旧换新，即凭已使用完毕的收据或发票换领空白收据或发票，初次使用时，应由财务主管核定申领本数。出纳员交回已使用完毕的发票或收据存根应由会计人员进行检查，不得缺号，内容应规范，记账联应已全部入账。

第六节　附　　则

第二十四条　本制度由财务部负责解释和修订。

第二十五条　本制度从公司颁布之日起执行。

附录10　正确填写票据和结算凭证的基本规定(摘录)

银行、单位和个人填写的各种票据和结算凭证是办理支付结算和现金收付的重要依据,直接关系到支付结算的准确、及时和安全。票据和结算凭证是银行、单位和个人凭以记载账务的会计凭证,是记载经济业务和明确经济责任的一种书面证明。因此,填写票据和结算凭证,必须做到标准化、规范化,要素齐全、数字正确、字迹清晰、不错漏、不潦草,防止涂改。中文大写金额数字应用正楷或行书填写,如壹、贰、叁、肆、伍、陆、柒、捌、玖、拾、佰、仟、万、亿、元、角、分、零、整(正)等字样。不得用一、二(两)、三、四、五、六、七、八、九、十、念、毛、另(或○)填写,不得自造简化字。如果金额数字书写中使用繁体字,如圆的,也应受理。

1. 票据的出票日期必须使用中文大写。

月为壹、贰和壹拾的,日为壹至玖和壹拾、贰拾和叁拾的,应在其前加"零";日为拾壹至拾玖的,应在其前加"壹"。

【注意】大写日期未按要求规范填写的,银行可予受理;但由此造成损失的,由出票人自行承担。

2. 中文大写金额数字应用"正楷或行书"填写,不得自造简化字。如果金额数字书写中使用"繁体字",也应受理。

3. 中文大写金额数字前应标明"人民币"字样,大写金额数字应紧接"人民币"字样填写,不得留有空白。

4. 中文大写金额数字到"元"为止的,在"元"之后应写"整"(或"正")字;到"角"为止的,在"角"之后可以不写"整"(或"正")字;大写金额数字有"分"的,"分"后面不写"整"(或"正")字。

5. 阿拉伯小写金额数字前面,均应填写人民币符号"￥"。

6. 阿拉伯小写金额数字中有"0"的,中文大写应按照"汉语语言规律、金额数字构成和防止涂改的要求"进行书写。

(1) 阿拉伯数字中间有"0"时,中文大写金额要写"零"字。如￥1 409.50,应写成人民币壹仟肆佰零玖元伍角。

(2) 阿拉伯数字中间连续有几个"0"时,中文大写金额中间可以只写一个"零"字。如￥6 007.14,应写成人民币陆仟零柒元壹角肆分。

(3) 阿拉伯金额数字万位或元位是"0",或者数字中间连续有几个"0",万位、元位也是"0",但千位、角位不是"0"时,中文大写金额中可以只写一个"零"字,也可以不写零字。如￥1 680.32,应写成人民币壹仟陆佰捌拾元零叁角贰分,或者写成人民币壹仟陆佰捌拾元叁角贰分;又如￥107 000.53,应写成人民币壹拾万柒仟元零伍角叁分,或者写成人民币壹拾万零柒仟元伍角叁分。

(4) 阿拉伯金额数字角位是"0",而分位不是"0"时,中文大写金额"元"后面应写"零"字。如￥16 409.02,应写成人民币壹万陆仟肆佰零玖元零贰分;又如￥325.04,应写成人民币叁佰贰拾伍元零肆分。

7. 票据和结算凭证的更改要求

(1) "出票金额、出票日期、收款人名称"不得更改,更改的票据无效;更改的结算凭证,银行不予受理。

(2) 对票据和结算凭证上的其他记载事项,"原"记载人可以更改,更改时应当由原记载人在更改处"签章"证明。